AF154333

Schummelseiten

✔ Sprache ist die Grundlage für erfolgreiches Lernen und Lehren.

✔ Sie ermöglicht Kommunikation und erfüllt grundlegende Bedürfnisse nach Ausdruck, Wissen und sozialer Bindung.

✔ Sprachförderung bietet bedarfsorientierte Unterstützung bei sprachlichen Schwierigkeiten.

✔ Eine gute Sprachförderkraft kennt sprachförderliche Prinzipien, geht mit Sprache bewusst um, handelt gezielt und systematisch und sichert die Qualität der Förderung mithilfe bedarfsgerechter Mittel und deren Evaluation.

SPRACHFÖRDERUNG IN ABGRENZUNG ZU WEITEREN SPRACHLICHEN UNTERSTÜTZUNGSANGEBOTEN:

Sprachförderung: Sprachförderung umfasst pädagogische Maßnahmen, die darauf abzielen, die allgemeine Sprachentwicklung oder spezifische sprachliche Fähigkeiten gezielt anzuregen und zu unterstützen.

Sprachtherapie: Sprachtherapie richtet sich zwar auch an einzelne Schülerinnen und Schüler, ist jedoch eine medizinisch fundierte Interventionsmaßnahme, die beispielsweise Störungen der Stimm- und Sprechfunktionen behandelt. Sie wird in der Regel von Logopädinnen und Logopäden auf Grundlage einer ärztlichen Verordnung durchgeführt.

Spracherziehung: Spracherziehung ist ein grundlegendes Erziehungsprinzip, das sämtliche erzieherischen Aktivitäten im sprachlichen Bereich umfasst und vor allem von Eltern im familiären Umfeld gestaltet wird. Sie kann als praktische Umsetzung sprachförderlichen Handelns betrachtet werden und bildet somit ein Teilziel der Sprachförderung.

Sprachbildung: Sprachbildung ist ein grundlegender Unterrichtsansatz und richtet sich an alle Schülerinnen und Schüler. Sie wird als integrativer Ansatz in die Unterrichtsplanung mit einbezogen und erfüllt im Gegensatz zur Sprachförderung vorwiegend eine präventive und curriculare Funktion.

Sprachförderung für Dummies

Schummelseiten

Prinzip 1: Gehe systematisch vor!

Ich berücksichtige in der Sprachförderung alle Prinzipien und setze sie um.

Prinzip 2: Orientiere dich am Kind!

Ich kenne die bildungsbezogenen Bedarfe des Kindes und richte die Sprachförderung daran aus.

Prinzip 3: Sei dir über den aktuellen und den nächsten Schritt klar!

Ich kenne die Ressourcen des Kindes und kann sie bedarfsorientiert ergänzen.

Prinzip 4: Sei und sprich authentisch!

Ich kann authentische Geschichten erfinden und meine Sprachförderziele einbetten.

Prinzip 5: Achte in der Zone der nächsten Entwicklung auf bewältigbare Herausforderungen!

Ich kenne den Lernstand, die nächsten Schritte der Sprachförderung konkret, zerlege die Aufgaben in kleinere Schritte und weiß das Kind herauszufordern, sodass es sich motiviert anstrengt.

Prinzip 6: Hilf dem Kind durch Scaffolding, sich den Herausforderungen zu stellen und diese zu meistern!

Ich mache dem Kind so viele qualitativ hochwertige Angebote, wie es braucht, und baue das Angebot (Gerüst) parallel zu seiner Entwicklung allmählich ab.

Prinzip 7: Subjektive Einschätzungen sind gut, aber das Überprüfen ist noch besser! Benutze zur Überprüfung stets objektive Verfahren!

Ich mache mir durch die Ergebnisse einer Diagnostik ein umfängliches Bild zum Sprachstand des Kindes und verifiziere damit meine Einschätzungen zur Sprachentwicklung.

Prinzip 8: Planen heißt Ziele haben!

Ich sorge mit der zielorientierten Planung der Sprachförderung für einen Ausbau der Sprachkompetenzen auf Grundlage der vorhandenen Stärken.

Prinzip 9: Der Förderplan ist in der Sprachförderung der Königsweg.

Ich schaffe mit der systematischen Planung der Sprachförderung gute Ausgangs- und Lernbedingungen.

Schummelseiten

HANDLUNGSSTRATEGIEN FÜR SPRACHFÖRDERUNG:		
Handlungsstrategie	**Worum geht es?**	**Funktion**
handlungsbegleitendes Sprechen geleitetes Fragen	Sie versprachlichen Ihre Handlungen; begleiten Ihre Handlungen also lautsprachlich.	stimulierend
Expansion	Sie wiederholen und ergänzen die Aussage des Kindes und betten sie dabei laufend in den Dialog ein.	modellierend ergänzen
Umformung	Sie wiederholen korrigierend die Aussage des Kindes in einem authentischen Dialog.	modellierend korrigieren
Extension	Sie wiederholen und erweitern die Aussage des Kindes und achten auf eine authentische Kommunikation.	modellierend erweitern

Sprachförderung für Dummies

Esra Hack-Cengizalp und Irene Corvacho del Toro

Sprachförderung
für dummies®

Fachkorrektur von Marion Gutzmann

WILEY-VCH GmbH

Sprachförderung für Dummies

Bibliografische Information der Deutschen Nationalbibliothek

Die Deutsche Nationalbibliothek verzeichnet diese Publikation in der Deutschen Nationalbibliografie; detaillierte bibliografische Daten sind im Internet über http://dnb.d-nb.de abrufbar.

1. Auflage 2025

© 2025 Wiley-VCH GmbH, Boschstraße 12, 69469 Weinheim, Germany

Coverfoto: eric – stock.adobe.com
Korrektur: Nicole Woratz
Satz: Straive, Chennai, India
Druck und Bindung: CPI Group (UK) Ltd, Croydon, CR0 4YY

Print ISBN: 978-3-527-72113-9
ePub ISBN: 978-3-527-84361-9

C9783527721139_210525

Über die Autorinnen

Dr. Esra Hack-Cengizalp lebt und arbeitet als Lehrkraft für besondere Aufgaben im nördlichen Hessen. Sie hat an der Ruprecht-Karls-Universität Heidelberg Deutsch als Fremdsprachenphilologie und Erziehungswissenschaft studiert. 2019 schloss sie an der Goethe-Universität Frankfurt im Fach Erziehungswissenschaften ihre Promotion zu einem sprachdidaktischen Thema ab. Im Anschluss arbeitete sie dort als wissenschaftliche Mitarbeiterin bis 2023 und wechselte dann an die Justus-Liebig-Universität Gießen. Ihre Arbeitsgebiete sind vorwiegend sprachdidaktische Themen des Grundschullehramts (Wortschatzarbeit, Leseförderung, Sprachförderung und Mehrsprachigkeit).

Dr. Irene Corvacho del Toro lebt und arbeitet in Frankfurt am Main und Siegen. Sie hat an der Universität Hamburg Sprachlehrforschung und Anglistik studiert, in Bamberg und Frankfurt am Main im Rahmen der Grundschuldidaktik geforscht und im Fach Germanistik ihre Promotion erlangt. Ihre Themen in Forschung und Lehre umfassen Rechtschreibung, Rechtschreibförderung, Mehrsprachigkeit, Sprachförderung, Emotionswortschatz, Erzählfähigkeit und Professionalisierung im Bildungsbereich. Sie leitet die Kompetenzstelle Orthografie und ist geschäftsführende Mitherausgeberin der Zeitschrift *Lernen und Lernstörungen*.

Auf einen Blick

Inhaltsverzeichnis

Einführung

Bevor wir Sie mit unserem fundierten Einblick in das aus schulischer Sicht sehr aktuelle Thema »Sprachförderung« begeistern, möchten wir Ihnen einen groben Überblick über die zentralen Themen und Ziele des Buches geben. Das zentralste Thema des Buches ist die Sprache. Sprache ist ein äußerst komplexes System. Bevor man über Sprache(n) spricht, muss man deshalb Begriffliches einschränken, was man genau meint. Mit »Sprache« meinen wir in diesem Buch zunächst die in der Schule gelernte, verwendete und verlangte Sprache. Auch sie ist komplex. Gehen wir das doch an …

Über dieses Buch

Sprache als Schlüssel zur Welt, zu Mitmenschen und zum Wissen? Ja! Sprache schafft Zugang zur Welt. Da die sich ständig verändert, verändert sich auch unsere Sprache und wir uns mit ihr. Wir lernen, die Welt in Worte zu fassen und tauschen uns mit Mitmenschen über sie aus, eignen uns neues Wissen an und geben es weiter. Durch Sprache!

Sobald unser Herz schlägt, entwickeln wir uns in rasantem Tempo. Und dieses Tempo hat kein Limit. Wir lernen, denken, sprechen, fühlen und vieles mehr. Später lernen wir neue Dinge, denken anders, sprechen immer besser und können all das immer besser kommunizieren. Wir nutzen die Sprache, um unsere Gedanken, Empfindungen und unser Wissen an andere mitzuteilen. Mit Sprache sind wir unseres eigenen Lebens mächtig.

Doch was passiert, wenn uns dieser Schlüssel zur Welt fehlt, uns nur ansatzweise zur Verfügung steht oder uns nur schwer zugänglich ist? Für viele Kinder, Jugendliche und auch Erwachsene bedeutet eine eingeschränkte Sprachkompetenz nicht nur eine Hürde im schulischen und beruflichen Kontext, sondern auch im sozialen Miteinander. In einer Welt, die zunehmend von Kommunikation und Informationsaustausch geprägt ist, wird Sprachkompetenz zum entscheidenden Faktor für persönliche Entwicklung und gesellschaftliche Teilhabe.

Dieses Buch nimmt Sie mit auf eine Reise in die faszinierende und vielschichtige Welt der Sprachförderung. Wir verbinden dabei wissenschaftliche Erkenntnisse mit konkreten Praxisbeispielen, um zu zeigen, wie Sprachförderung wirksam und nachhaltig gestaltet werden kann. Dabei stehen nicht nur klassische Sprachförderansätze im Mittelpunkt, sondern auch innovative Methoden, die den Wandel unserer Gesellschaft und ihrer Kommunikationsbedürfnisse berücksichtigen.

Konventionen in diesem Buch

✔ Uns ist es bewusst, dass die deutsche Sprache angemessene Bezeichnungen enthält, die Diversität der Menschen in vielen Aspekten sprachlich zu widerspiegeln, also zu gendern. Gleichzeitig möchten wie dem Leser ermöglichen, das Buch fließend zu lesen. Es erscheint uns als ein Kompromiss, wo immer möglich, parallel zu gendersensiblen Bezeichnungen (Schülerinnen und Schüler, Leserinnen und Leser) auch allgemeine Bezeichnungen (Lehrkräfte, Fachpersonal, Kinder etc.) und Bezeichnungen mit generischem Maskulinum (Schüler, Lerner etc.) zu verwenden.

✔ Wir gebrauchen in diesem Buch die Bezeichnung »Sprachförderkraft« (auch kurz: Förderkraft) und meinen damit alle Menschen, die sich als solche – neben vielen anderen Attributen – identifizieren. Es gibt also nicht DIE Förderkraft, sondern DEN Menschen, der sich zu einer Förderkraft weiterbilden möchte. Wir helfen Ihnen mit diesem Buch.

✔ Wir verwenden sehr oft den Begriff »Kind« und meinen damit alle Personen, die sich in jungen Jahren befinden. Inbegriffen sind alle Kinder und Jugendlichen, die kürzlich über das kindliche Dasein hinausgewachsen sind.

✔ Wir versuchen in diesem Buch, unsere Gedanken in einer allgemein verständlichen Sprache mitzuteilen. Wir gebrauchen abwechselnd eine fachspezifische und eine allgemeine Ausdrucksweise und versuchen so, einen fachlich fundierten und zugleich lebendigen Lesefluss aufrechtzuerhalten. Wir freuen uns gerne über Ihr Feedback, ob uns dies gelungen ist!

Törichte Annahmen über den Leser

Dieses Buch richtet sich an alle, die Sprache nicht nur als Mittel zum Zweck, sondern als Lebensessenz begreifen und sich für das sprachliche Wachstum junger Menschen interessieren und dieses mit Freude beobachten und begleiten.

Sprachförderung ist nicht nur ein individuelles Anliegen, sondern insbesondere ein gesellschaftliches. Wir sprechen mit diesem Buch gezielt Menschen an, die junge Menschen eine Zeit lang in ihrer schulischen Entwicklung systematisch begleiten und ihnen einen Weg ebnen, der sie in ihrer schulischen Bildungsreise vor allem auf sprachlich-kommunikativer Ebene gut unterstützt.

Konkret sind das fachliches und pädagogisches Personal an Schulen (insbesondere an Grund- und unteren Stufen der weiterführenden Schulen) wie Lehrkräfte, pädagogische Fachkräfte, schulische Assistenten, Lerncoaches etc., die sich im Bereich der Sprachförderung weiterqualifizieren möchten.

Es ist jedoch unmöglich, sich einzig und allein mit einem Buch (selbst wenn dieses das unsere ist) alle nötigen Grundlagen für eine professionelle Sprachförderung zu verschaffen. Dieses Buch ergänzt die Fachliteratur in vielen Teilen, greift wichtige wirksame und in der Praxis gut etablierte Maßnahmen auf und reflektiert sie. Es setzt aber auch neue Impulse und Perspektiven für eine kindorientierte, wertschätzende und fachlich versierte Sprachförderung.

Wir wünschen Ihnen viel Freude mit ganz vielen neuen Erkenntnissen!

Wie dieses Buch aufgebaut ist

Die erste Station unserer Reise führt Sie in die theoretischen Grundlagen: Was ist Sprachförderung und warum ist diese so wichtig? Da die Sprachförderung sich mit Sprache und den sprachlichen Fähigkeiten der Menschen befasst, folgt ein weiterer theoretischer Blick: Was ist Sprache und welche Faktoren beeinflussen die Sprachkompetenz? Dabei werden wir punktuell auf wissenschaftliche Modelle schauen, die uns helfen können, die Sprachkompetenzen differenziert zu betrachten und zu verstehen. Anschließend wird es ein wenig praktischer: Wie können Förderkräfte Sprache gezielt fördern? Welche Strategien haben sich in der Praxis bewährt? Und wie können wir Barrieren überwinden, die einer erfolgreichen Sprachentwicklung im Wege stehen? Abschließend widmen wir uns mit einem Reflexionsteil der Frage, wie durchgeführte Sprachfördermaßnahmen evaluiert werden können.

Teil I: Sprachförderung verstehen

Im ersten Teil führen wir in die Bedeutung der Sprachförderung in bildungsbezogenen Kontexten ein. Im Mittelpunkt stehen hierbei nicht nur die Vermittlung von Alltagskommunikation, sondern auch die Förderung bildungssprachlicher und fachspezifischer Kompetenzen, die für den schulischen und beruflichen Erfolg essenziell sind.

Sprachförderung ist insbesondere ausgerichtet auf die Begleitung von sprachlichen Entwicklungsfortschritten und geht diese mit geeigneten pädagogischen Maßnahmen gezielt und systematisch an. Erzielt wird hauptsächlich eine nachhaltige Verbesserung sprachlicher Fähigkeiten und sorgt somit für bessere Bildungschancen. Im Bildungswesen existieren allerdings noch weitere Unterstützungsangebote. Diese grenzen wir aber fortlaufend vom Verantwortungsbereich der Sprachförderung ab. Sie erfahren dabei nach und nach, welche Praktiken in den Bereich der Sprachförderung fallen und welche eher nicht, sowie, woran Sie denken sollten, wenn Sie sprachförderlich handeln möchten.

Teil II: Sprache und Sprachkompetenz verstehen

Im zweiten Teil befassen wir uns mit den Verantwortungsbereichen der Sprachförderung noch genauer: der Sprache und den Sprachkompetenzen. Sprache verstehen wir dann als das zentrale Medium (und auch Ziel) des Lernens, die Grundlage der menschlichen Interaktion und die Basis der sozialen Bindung. In pädagogischen Kontexten nimmt sie eine Schlüsselrolle ein, da sie nicht nur als Werkzeug des Denkens und Lernens fungiert, sondern auch als Mittel, um individuelle und kulturelle Identitäten auszudrücken und zu gestalten.

Eines der zentralen Ziele der Sprachförderung ist, vorhandene Sprachressourcen auszubauen, sodass Lernende befähigt werden, Entwicklungsverzögerungen mithilfe geeigneter Maßnahmen selbst kompensieren und schließen zu können. Im Anschluss an den Aufriss über Sprache, betrachten wir Sprachressourcen und -kompetenzen aus einem funktionalen und kommunikativen Blickwinkel und konzentrieren uns auf die mündlichen Sprachkompetenzen. Diese sind grundlegend für eine sichere und nachhaltige sprachliche Bildung.

Teil III: Wie gehe ich nun vor? – Sprachförderung in der Praxis

In den ersten beiden Teilen soll ein fundiertes Grundlagenwissen geschaffen werden. In dem dritten Teil steigen wir dann in praktische Handlungsweisen ein und zeigen, wie Sprachförderung, basierend auf einer systematischen und planvollen Vorgehensweise, vollzogen werden kann. Wir machen deutlich, wie Sie individuelle sprachliche Bedarfe identifizieren und gezielt darauf eingehen können.

An ausgewählten Beispielen zeigen wir, wie Sie sprachförderlich und praxisorientiert handeln, wie Sie einen bedarfsorientierten Förderplan erstellen, welche Schwerpunkte Sie setzen können und wie Sie Ihr Konzept umsetzen. Dabei konzentrieren wir uns auch darauf, dass Sie die Maßnahmen an die Lernfortschritte der Kinder kontinuierlich anpassen und dass dies entscheidend für den Erfolg der Förderarbeit ist.

Teil IV: Wirksamkeit von Sprachförderung überprüfen

Im vierten Teil geht es darum, dass die Reflexion und Weiterentwicklung von Fördermaßnahmen essenziell sind, um langfristig erfolgreiche Ergebnisse zu sichern und die Sprachförderung als effektives Bildungsinstrument zu etablieren. Dabei wird die Bedeutung einer kontinuierlichen Anpassung an die Bedürfnisse der Praxis und der Kinder hervorgehoben.

Spätestens an dieser Stelle wird deutlich, worauf Sie achten müssen, um Ihr Förderkonzept wirksam und nachhaltig zu gestalten und durchzuführen. Doch was Sie noch nicht wissen, ist, wie Sie sichergehen können, dass Ihre Sprachförderung auch tatsächlich gewirkt hat. Dieser Teil beleuchtet die Planung, Durchführung und Evaluation von Sprachförderung, um ihre Effektivität und Nachhaltigkeit sicherzustellen.

Sie erfahren, dass die Überprüfung der Wirksamkeit der Qualitätssicherung dient und daher viele Vorteile mit sich bringt. Im Einzelnen dient sie der Optimierung und Nachweisbarkeit erzielter Fortschritte und stellt sicher, dass erworbene Fähigkeiten auf neue Situationen nachhaltig übertragen werden. Zudem müssen wissenschaftsbasierte Förderprogramme durch eine klare theoretische Fundierung, genaue Durchführungsvorgaben und empirische Wirksamkeitsnachweise überzeugen können.

Teil V: Der Top-Ten-Teil

Im letzten Teil fassen wir die wichtigsten Erkenntnisse zum einen in zehn zentralen Fragen zur Sprachförderung zusammen. Diese sind an den Kapitelaufbau angelehnt und heben die wichtigsten Prinzipien hervor, die wir empfehlen, in der Praxis zu beachten beziehungsweise umzusetzen. Zum anderen tragen wir die zehn Fakten zusammen, was eine gute Sprachförderung spannend macht. Mit nützlichen Handlungsempfehlungen zur praktischen Förderarbeit schließen wir dann unser Buch ab.

Tauchen Sie mit uns in die Welt der Sprachförderung ein! Wir entdecken gemeinsam, wie Sprache nicht nur Türen öffnet, sondern ganze Welten erschaffen kann, und was Sie dafür tun können.

Symbole, die in diesem Buch verwendet werden

Wir nutzen im Buch folgende Symbole:

 Das Erinnerungs-Symbol steht für die Hervorhebung der wichtigsten Erkenntnisse und fasst die wesentlichen Inhalte eines Kapitels zusammen.

 Wir geben Tipps immer dann, wenn wir es für sinnvoll halten. Dabei geht es vorwiegend um Handlungstipps, die Sie in der Förderpraxis gut gebrauchen könnten.

 Gelegentlich konkretisieren wir unsere Aussagen mit passenden Beispielen. Es geht dabei vorwiegend um Beispiele aus der deutschen Sprache.

 Das Schloss-Symbol ist dazu da, um wissenschaftliche beziehungsweise theoretische Erkenntnisse kenntlich zu machen.

 Das Aufgaben-Symbol verwenden wir, wenn wir einen speziellen Auftrag für Sie haben. Die Lösungen finden Sie am Ende des Buches.

 Immer dann, wenn Ires, unsere Sprachförderkraft, spricht, verwenden wir das Ask-Woody-Symbol.

 Das Definition-Symbol steht immer dann, wenn ein Begriff explizit erläutert werden muss.

Wie es weitergeht

Sie sind nun mit dem Aufbau und dem Umfang des Buches vertraut. Wir empfehlen Ihnen, die Teile nacheinander zu lesen. Sie können selbstverständlich auch querlesen. Um dies zu erleichtern, haben wir an vielen Stellen Querverweise eingebaut. An diesen Stellen empfehlen wir, kurz auf die verwiesenen Stellen zu wechseln, um nachzuvollziehen, was dort nicht vertieft werden konnte.

Auch wenn wir uns bemüht haben, lesefreundliche Maßnahmen (Querverweise, eine allgemein verständliche Sprache und Nachvollziehbarkeit) umzusetzen, sind wir für Anregungen und Verbesserungsvorschlägen offen. Kontaktieren Sie uns oder den Verlag gerne. Wir freuen uns auf Ihr Feedback.

So, jetzt aber: Viel Spaß beim Lesen!

Teil I
Sprachförderung verstehen

✔ Sprache ist ein zentraler Bestandteil schulischer Bildung und die Grundlage für erfolgreiches Lernen und Lehren.

✔ Für die vielfältigen Anforderungen im Unterricht benötigen Schülerinnen und Schüler neben Alltagssprache auch Fach- und Bildungssprache.

✔ Sprachförderung setzt gezielt bei Schwierigkeiten im Umgang mit verschiedenen Sprachformen an.

✔ Gute Förderkräfte verbinden theoretisches Wissen mit praktischer Erfahrung.

IN DIESEM KAPITEL

Sprachförderung und schulische Anforderungen
sind untrennbar miteinander verbunden

Sprachliche Schwierigkeiten und Sprachförderung können jeden Schüler betreffen

Alle Schülerinnen und Schüler haben ein Recht
auf Förderung

Sprache ist Lernziel und Hauptwerkzeug, um in
der Schule zu lernen

Kapitel 1
Warum Sprachförderung?

Sprache ist überlebenswichtig

Überlebenswichtig ist die Sprache insofern, dass die Menschen in sozialer Hinsicht auf sie angewiesen sind. Mit Sprache werden Beziehungen aufgebaut, Missverständnissen wird vorgebeugt, Probleme werden gelöst, höhere Denkprozesse angestoßen, Lernen wird ermöglicht und vieles mehr. Sie spielt in sozialen Kontexten eine überlebenswichtige Rolle.

Sprache als Mittel der Kommunikation und Verständigung

Sprache dient der Verständigung zwischen Menschen. Sie ist grundlegend für unsere Kommunikation miteinander. Das ist Fakt. Menschen sprechen miteinander, um sich zu verständigen (na ja, fast immer). Mit Verständigung meinen wir, den anderen klarzumachen, was unsere Absichten sind, was unsere Message ist. Sprache verbindet. Und Sprache(n) machen die Verbundenheit der Menschen sicht- und hörbar. Dabei identifizieren wir uns mit einer oder mehreren Sprache(n) und prägen somit ein gewisses Kulturgut mit. Das können wir dann Niederländisch, Urdu, Tagalog oder aber gemixt Türkischdeutsch, Hindideutsch oder Spanglish nennen.

Wir konservieren unsere Sprachen jedoch nicht nur, sondern verändern sie und nutzen sie als Ausdruck von Gedanken und Empfindungen. Menschen lernen sehr früh, dass sie ihre Empfindungen, und später ihre Gedanken, außer mit körperlichen (Mimik, Gestik,

Stimme) vor allem mit sprachlichen Mitteln (sprechen, auffordern, schimpfen, rufen etc.) ausdrücken können. Viele dieser Mittel erwerben wir im Laufe unseres Lebens weitgehend beiläufig, das heißt, ohne dass wir uns dafür groß anstrengen müssen. Wir profitieren aber selbstverständlich auch von einer anregungsreich gestalteten sprachlichen Lernumgebung (Geschichten lesen und schreiben, Hörtexte, Chats, Gespräche und so weiter).

Warum lernen Menschen Sprachen?

Zunächst äußern wir unsere Grundbedürfnisse so, dass wir die Aufmerksamkeit der Menschen um uns herum auf uns ziehen können. Babys und Kleinkinder schreien, quengeln, brummen und tun so einiges mehr. Später lernen wir, unseren Grundbedürfnissen Worte zu verleihen und uns auch mithilfe der sprachlichen Mittel mitzuteilen (zum Beispiel ›nane‹ für Banane, ›sik‹ für Musik). Spätestens beim Eintritt in den sogenannten Ernst des Lebens (Schule) werden unsere Denkprozesse komplexer. Wir lernen eine Sprache kennen, die es uns ermöglicht, Aufgaben zu lösen, einen Vortrag zu halten, Experimente zu beschreiben, einen Text szenisch zu gestalten, uns mit dem Klassenlehrer, der Schulleiterin oder dem Schulsozialarbeiter zu unterhalten, einen Schulausflug zu planen und so weiter. Unsere Sprachkompetenzen boomen während der Schulzeit. Wir lernen, die Sprache gezielt zu nutzen, und eine gute Sprachfähigkeit beschleunigt das Lernen neuer Inhalte und Verhaltensweisen. Fehlende Sprachkompetenzen können das Lernen folgerichtig erschweren.

Sprache ist auch ein Machtinstrument. Nicht nur in der Politik. Wir nehmen durch hervorragende Sprachkompetenzen Einfluss auf unsere Mitmenschen. Gute Redner ziehen Menschen an, selbst wenn sie manchmal Mist erzählen. Und gesprächigere, erzählfreudige Schüler werden häufig wegen ihrer lebhaften, aktiven Art als kompetent wahrgenommen.

Es kann sehr beklemmend sein, wenn man seine Gedanken und Gefühle nicht treffend benennen oder aussprechen kann. Auf der anderen Seite gibt es Menschen, die ihre Gedanken und Empfindungen auf den Punkt so präzise ausdrücken können, dass wir sie schnell verstehen. Werden wir schnell und richtig verstanden, genießen wir Vorteile. Wortgewandte Menschen begeistern mit ihrer Ausdrucksweise oft andere. Ist das nicht herrlich?

Professionelle Bildungsakteure wissen um die Vorteile einer ausgeprägten Ausdrucksfähigkeit und möchten diese Fähigkeit ihren Schülerinnen und Schülern vermitteln. Wer sich sprachlich gut ausdrücken kann, wird nicht nur in der Schule davon profitieren, sondern sein Leben lang.

Sprachförderung für alle

Sprachförderung bezieht sich auf die sprachlichen Fähigkeiten eines Menschen. Diese sind von Mensch zu Mensch unterschiedlich ausgeprägt.

Sprachförderung konzentriert sich auf Sprachkompetenzen

Warum brauchen wir Sprachförderung? Es geht im Wesentlichen darum, dass jeder und jede eine gewisse sprachliche Kompetenz erreichen sollte. Dabei unterscheiden wir zwischen rezeptiver (Sprache verstehen/mündliche und schriftliche Texte verstehen) und produktiver Sprachkompetenz (Sprache ausdrücken/mündliche und schriftliche Texte produzieren). Sprachförderung soll dem Kind helfen, gute Sprachkompetenzen aufzubauen.

Gute Sprachkompetenzen sind als Bildungsziel unter anderem in den Bildungsstandards der Kultusministerkonferenz (KMK) festgelegt. Sie ermöglichen Schülerinnen und Schülern, die lebensweltlichen, schulischen und beruflichen Anforderungen zu meistern. Jedem Menschen sollte es möglich sein, die beste Bildung zu genießen – so wird er oder sie später das Leben in der Gesellschaft mit besten Mitteln meistern, Herausforderungen zum eigenen Wohl und zum Wohle der Gesellschaft angehen können, seinen Platz finden und einnehmen können.

Um die Frage, was Sprachkompetenzen in theoretischer und didaktischer Hinsicht sind, zu beantworten, müssen wir uns zweier Quellen bedienen, die sich gegenseitig ergänzen: die wissenschaftliche und die bildungspolitische Perspektive. Die wissenschaftliche Perspektive vermittelt uns, was Sprachkompetenzen sind und wie sie erlernt werden können. Die bildungspolitische Perspektive zeigt uns, wie die Schule und der Unterricht organisiert werden können, um unter anderem die Sprachkompetenzen unter optimalen Bedingungen zu fördern und weiterzuentwickeln. Die Bildungspolitik bezieht bei ihren Entscheidungen wissenschaftliche Erkenntnisse mit ein.

 2008 entstand aus dem vom Bundesministerium für Bildung und Forschung geförderten Projekt PROSA ein wissenschaftlich begründeter Referenzrahmen zur altersspezifischen Sprachaneignung. Darin werden die Sprachkompetenzen unter Berücksichtigung von ein- und mehrsprachigen Aneignungsprozessen in mehreren Basisqualifikationen differenziert. In späteren Publikationen erweiterte das Autorenteam das Modell um andere Teilqualifikationen.

 Phonische Basisqualifikation

 Pragmatische Basisqualifikation

 Semantische Basisqualifikation

 Morphologisch-syntaktische Basisqualifikation

Diskursive Basisqualifikation

 Literale Basisqualifikation

Diese Basisqualifikationen beschreiben Sprachkompetenzen konkret. Sie sind Teil des Modells zur Aneignung von Sprache in schulischen Lernkontexten. Im Vordergrund steht dabei die Annahme, dass Sprache ein Mittel zur sprachlichen Interaktion (Kommunikation), ein Mittel zur Wissensaneignung und -veränderung (Wissen) und ein Mittel zum Ausdruck und zur Erfahrung von Zugehörigkeit (Kultur) ist. Das Autorenteam betont außerdem, dass das Modell den Sprachaneignungsprozess keineswegs vollumfänglich abbilden kann und mit neuen Erkenntnissen immer auch erweitert werden muss.

Den Basisqualifikationen werden wir später noch einmal begegnen und deren Bezug zur Sprachförderung erläutern. Mehr dazu in Kapitel 8.

Interessierten Leserinnen und Lesern empfehlen wir folgende Quellen:

Ehlich, Konrad; Bredel, Ursula; Reich, Hans H. (2008): Referenzrahmen zur altersspezifischen Sprachaneignung. Berlin: BMBF (Bildungsforschung, Bd. 29.1). **bildungsforschung_band_neunundzwanzig.pdf (tu-dortmund.de)**

Ehlich, Konrad (2013): Sprachliche Basisqualifikationen, ihre Aneignung und die Schule. In: DDS – Die Deutsche Schule 105. Jahrgang 2013, Heft 2, S. 199–209.

Sprachförderung und Sprachkompetenzen sind eng miteinander verbunden. Die Sprachförderung geht vom Stand der Sprachkompetenzen aus und strebt das gewünschte Niveau an. Dabei bedarf sie sowohl des Engagements der Förderkraft als auch des Kindes. Sobald wir von Sprachförderung durch eine professionelle Förderkraft sprechen, gehen wir von einer systematischen Sprachförderung aus. Sie wird in der Regel an Kindertagesstätten, lerntherapeutischen Praxen oder an Schulen praktiziert.

Sprachförderung liegt in der Verantwortung von Schule

In den Schulen steigt aktuell der Bedarf an Sprachförderung stetig. Es gibt dafür verschiedene Gründe. Eine Sprachförderung ist aber unabhängig von den jeweiligen Gründen immer *das* Mittel der Wahl, wenn es Anzeichen dafür gibt, dass Kinder Bildungsziele aufgrund von Sprachschwierigkeiten verfehlen könnten (siehe Abbildung 1.1).

Deshalb stellt die KMK die individuelle Förderung im schriftsprachlichen Bereich ins Zentrum der schulischen Unterstützungsmaßnahmen. Sprachförderung ist kein Selbstzweck. Sie verfolgt funktionale Ziele und soll unter anderem für den Aufbau von Sprachkompetenzen sorgen, die wiederum grundlegend für das Lernen in allen Fächern sind (siehe Abschnitt Sprache ist bildungsrelevant).

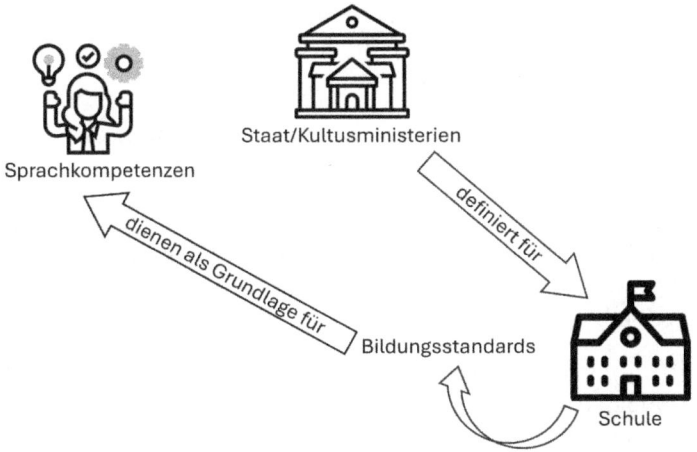

Abbildung 1.1: Sprachförderung und Schule

Die KMK ordnet die Sprachförderung als einen wichtigen Teilbereich der individuellen Förderung zu. Der Fokus liegt insbesondere auf der Ebene der Bildungssprache und den Kompetenzbereichen der allgemeinen Schulbildung. Basiskompetenzen sind: Lesen, (Recht-) Schreiben, Zuhören, Sprechen, Sprachbetrachtung. Damit möchte die KMK verbindlich das Erlernen wichtiger Kulturtechniken sicherstellen. Diese sichern nicht zuletzt unser demokratisches und partizipatives Zusammenleben (siehe Abbildung 1.2).

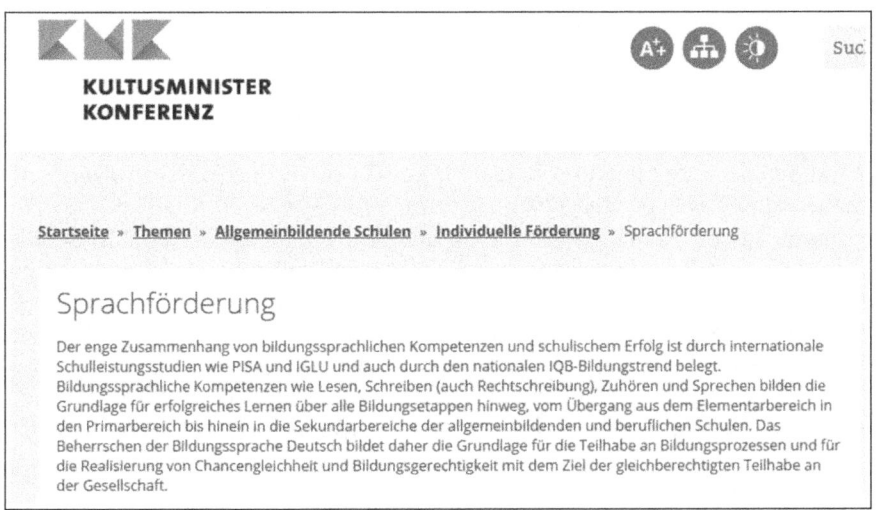

Abbildung 1.2: Sprachförderung und KMK

Dieses Verständnis von Sprachförderung unterscheidet sich aber ein wenig von dem Schwerpunkt in diesem Buch: die **basale** Sprachförderung. Diese möchte erreichen, dass wichtige Sprachmittel, die dem Erlernen der Kulturtechniken zugrunde liegen (zum Beispiel Grundwortschatz, Adjektivdeklination, Wortstellung im Aussage-/Frage-/Nebensatz, Genus und

Artikelgebrauch), sicher beherrscht werden. Die basale Sprachförderung geht sozusagen der bildungssprachlichen Förderung voraus, was bedeutet, dass sie die Anschlussfähigkeit für den Erwerb der bildungssprachlichen Handlungsfähigkeit sichert.

In der Sprachförderpraxis unterscheidet man zwischen einer **bildungssprachlichen** Förderung und einer **basalen** Sprachförderung:

Die KMK beschreibt als Ziel den Erwerb der bildungssprachlichen Kompetenzen und empfiehlt für die Bildungspraxis unter anderem bildungssprachliche Schwerpunktsetzungen (Lesen, Schreiben, Rechtschreibung, Zuhören, Diskutieren, Argumentieren etc.).

Die basale Sprachförderung konzentriert sich auf den Auf- und Ausbau von allgemeinen Sprachkompetenzen (Wortschatz, Satzbau, Kasus, Artikelgebrauch, Zeitformen etc.), die für das bildungssprachliche Handeln eine elementare Rolle spielen.

Auf diese unterschiedlichen Verständnisse gehen wir in Kapitel 2 näher ein.

Sprachförderung findet nicht nur in der Schule oder in Bildungsinstitutionen statt. Es wäre unfair, die Verantwortung für sprachliche Kompetenzen ausschließlich in der Schule zu sehen. Die Schule hat jedoch den Auftrag, alle Schülerinnen und Schüler in ihrer Entwicklung zu fördern, und soll dafür sorgen, dass sie mit Abschluss der Schule die Kompetenzen erworben haben, die Voraussetzung für ein selbstbestimmtes und zufriedenstellendes Leben sind. Die Schule muss also die Entwicklung jedes Einzelnen im Blick behalten, um rechtzeitig und angemessen zu reagieren, wenn die Lernentwicklung einer Schülerin oder eines Schülers durch Unter- oder Überforderung gefährdet ist.

In der Schulpraxis werden für beide Zustände (Unter- und Überforderung) unterschiedliche Begriffe verwendet. Man spricht von Forderung, wenn ein bestimmtes Thema für Schülerinnen und Schüler zwar neu und herausfordernd ist, dennoch aber anregend und passend, um neue Kompetenzen oder Wissenszusammenhänge zu erschließen. Von Förderung spricht man dagegen, wenn bestimmte Themen für die Schülerinnen und Schüler schwierig sind und sie zum Bewältigen der Lernaufgaben zusätzliche Unterstützung brauchen, sei es sprachlich oder inhaltlich oder beides. Oft hindern fehlende Sprachkompetenzen Schülerinnen und Schüler daran, im normalen Unterrichtstempo mitzuhalten und Aufgaben selbstständig zu lösen. Die Sprachförderung konzentriert sich oft auf den Aufbau von Basiskompetenzen (vorwiegend im mündlichen Bereich, zunächst Wortschatz und Grammatik), um das Sprachverständnis sowie die Gesprächskompetenz zu verbessern.

Familie & Co. unterstützen mit

Sprachkompetenzen entwickeln sich nicht stetig und linear. Sie werden sowohl durch die Praktiken in der Schule als auch durch die Interaktionen in der sonstigen Lebenswelt (Familie, Sportverein, Freundeskreis usw.) mitgeprägt. Innerhalb der Schule entwickeln sie sich eher regelmäßig und systematisch, außerhalb der Schule weitgehend beiläufig und unsystematisch.

Man geht davon aus, dass sich die Sprachkompetenzen immer in der Entwicklung befinden, dass sie also zu keinem Zeitpunkt als abgeschlossen betrachtet werden können. Das gilt für unsere Erstsprache (auch Muttersprache genannt) und stärker noch für unsere Zweit- oder Fremdsprachen. Diese Dynamiken können durch verschiedene Praktiken mal gebremst, mal beschleunigt werden. Es kommt jedoch niemals zum Stillstand, da wir nicht *nicht lernen* können.

Es gibt viele alltägliche Aktivitäten, die sich positiv auf die Entwicklung von Sprachkompetenz auswirken: Vorlesen vor dem Schlafengehen, regelmäßiges dialogisches Vorlesen im Klassenzimmer, Lieder singen, Zungenbrecher aufsagen, Witze erzählen, Unterhaltungen am Esstisch, Unterhaltungen im Morgen- oder Sitzkreis, Tischspiele, ein sprachförderlicher Unterricht, Rollenspiele und so vieles mehr. Sprachförderliche Aktivitäten sind grundsätzlich überall möglich. Im Klassenzimmer laufen sie bewusst, zielgerichtet und systematisch ab, während sie in der Familie oder im Freundeskreis eher spontan, ungesteuert und zweckfrei entstehen. Beide Formen tragen dazu bei, die Sprachentwicklung voranzutreiben.

Einige Familien setzen Sprache und die Sprachlerngelegenheiten intuitiv und vielfältig ein und begünstigen so den Spracherwerb ihrer Kinder. Andere Familien haben weniger Gelegenheit oder Ressourcen, sprachförderliche Angebote zu machen. Den Kindern entgehen wichtige Sprachentwicklungschancen. Diese Kinder profitieren insbesondere von den Sprachangeboten in Kita und Schule. Kinder, die im familiären Kreis wenig Förderung erhalten, sind dann besonders auf eine regelmäßige und qualitativ hochwertige Förderung angewiesen. Diese und ähnliche Befunde wurden in vielen wissenschaftlichen Vergleichsuntersuchungen mehrfach belegt.

Bei mehrsprachigen Kindern spielt zusätzlich zur allgemeinen sprachlichen Anregung in der Familie das Alter beim Erstkontakt mit der Sprache, die Dauer des Kontakts in Jahren und die Quantität und Qualität des täglichen, sprachlichen Inputs eine wichtige Rolle für den Sprachstand, den sie erreichen. Mehrsprachigkeit ist fortwährend ein aktuelles Forschungsfeld und wird sowohl in ihren schulischen (didaktischen) Bezügen als auch im gesellschaftlichen Leben intensiv erforscht.

Grundsätzlich ist Mehrsprachigkeit weit verbreitet und bereichernd für Individuum und Gesellschaft. Mehrsprachige Kinder haben vergleichbare Entfaltungschancen wie monolinguale, denn Mehrsprachigkeit allein bestimmt nicht die Sprachentwicklung. Die Sprachentwicklung hängt von vielen verschiedenen Faktoren ab.

Wissenschaftlich gestützt können wir sagen, dass …

✔ gemeinsame Sprachen – das kann beispielsweise Hindi, Deutsch, Rumänisch, Englisch oder Türkisch sein – das sozioemotionale und psychosoziale Wohlbefinden des Kindes stärkt.

✔ Mehrsprachigkeit für sich allein kein Risiko für die Sprachentwicklung mit sich bringt, die Sprachentwicklung hängt von vielen Faktoren ab.

✔ Mehrsprachigkeit Zugang zu vielen Menschen und Kulturen eröffnet und die Sprachbewusstheit fördert.

Mehrsprachige Schülerinnen und Schüler, die mit dem systematischen und regelmäßigen Erwerb der deutschen Sprache erst nach dem dritten Lebensjahr oder später beginnen, benötigen aufgrund ihrer Zweisprachigkeit oft mehr Zeit für den Erwerb des Deutschen. Das muss aber nicht so sein. Da die Kinder in sehr unterschiedlichen Umständen aufwachsen und lernen, können sie ihre anfänglichen Schwierigkeiten unter Umständen durch einen angemessenen Aufwand, eine dosierte Anstrengung und eine passende Lernmethode kompensieren. Grundsätzlich sollten sie, und alle potenziell sprachlich benachteiligten Kinder, jedoch stets in ihrer Sprachentwicklung eng beobachtet werden, damit eine rechtzeitige Reaktion auf die Bedürfnisse des Kindes sichergestellt werden kann.

Wir möchten an dieser Stelle betonen, dass nicht die unterschiedlichen Erwerbshintergründe die Teilnahme an Sprachförderangeboten begründen, sondern die individuellen Spracherwerbsstände (Lernstand des Kindes). Auch Kinder mit Deutsch als Erstsprache können Defizite in der Sprachentwicklung haben. Diese können entweder aus kognitiven, aus sozialen oder aus weiteren Gründen entstehen. Eine besondere Gruppe bilden Kinder, die Deutsch als Zweitsprache erlernen und zusätzlich Beeinträchtigungen aufweisen, die den Spracherwerb erschweren (zum Beispiel Hörschwierigkeiten).

 Deutsch als Zweitsprache (DaZ) bezieht sich auf den ungesteuerten Erwerb einer Sprache im Alltag meist erst nach dem dritten Lebensjahr. DaZ bezeichnet den Umstand, dass eine andere Erstsprache (auch Muttersprache genannt) vor dem Deutschen erworben wurde. Menschen, die Deutsch als Zweitsprache erwerben und verwenden, sind zwei- beziehungsweise mehrsprachig und benötigen für den Erwerb beider Sprachen meist mehr Zeit, Bereitschaft und Anstrengung.

Die Bezeichnung »Deutsch als Zweitsprache« beinhaltet keine Aussage über die Sprachkompetenz des Kindes, sondern nur über den Erwerbszeitpunkt und die Umgebung.

Bei Kindern mit Deutsch als Zweitsprache werden oft Sprachdefizite konstatiert, d. h., sie erfüllen die Erwartungen an die sprachliche Kompetenz für ihre Altersstufe nicht. Dabei muss aber stets deutlich werden, dass die Defizite durch die Erwartungen vordefiniert werden und dass diese Erwartungen meist die durchschnittlichen Kompetenzen von Kindern mit Deutsch als Erstsprache abbilden. Eigene Erwartungsmaßstäbe für Kinder mit DaZ liegen nicht vor.

(Vermeintliche) Sprachdefizite zeigen in erster Linie, dass die bisherigen Entwicklungs- und Bildungschancen noch nicht ausreichend waren, um die Sprachkompetenzen auf das gewünschte Niveau zu bringen. Man spricht von Sprachdefiziten immer in Bezug auf sprachliche Anforderungen. Je nachdem, wie hoch diese sind, wirken die Defizite stark oder schwach aus. Eine gerechte Lernstandserhebung muss unbedingt die Entwicklungs- und Bildungschancen mitberücksichtigen. Dies kann sehr herausfordernd sein, denn sie erfordert eine umfassende Erhebung der Lernbiographie.

Es kann jeden betreffen

Jeder war in der Schule mal gut, mal schlecht, mal gelangweilt, mal motiviert. Es ist vollkommen normal, dass wir nicht in jedem Fach gut und nicht an jedem Thema interessiert waren und uns nicht gleich motivieren ließen, etwas zu lernen. Auch das gleiche Thema hat uns mal mehr interessiert, an einem anderen Tag wieder weniger oder gar nicht mehr.

Viele Faktoren können das Lernen erschweren. Das können neben äußerlichen Faktoren – zum Beispiel Lärm in der Umgebung, ein unbequemer Stuhl, wenig Licht, ein schlechter Unterricht – auch insbesondere innerliche Faktoren sein: unsere Intelligenz, Motivation, unzureichende Sprachfähigkeiten oder ungünstige emotionale Zustände (Sorgen, Zweifel, u. a.) (siehe Abbildung 1.3).

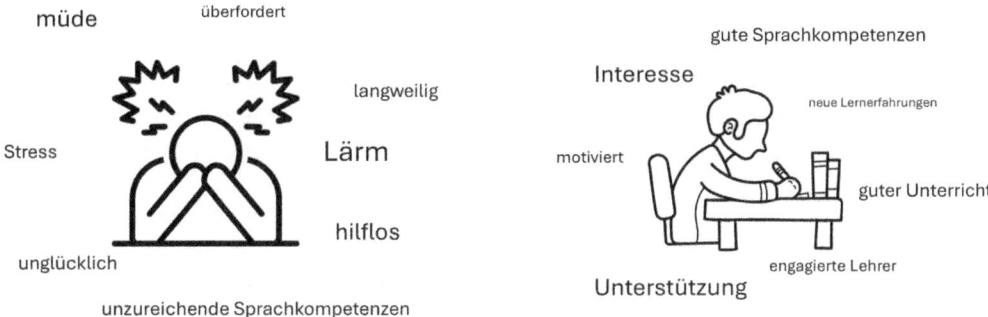

Abbildung 1.3: Frustrierte vs. friedliche Lerner

Es gibt immer wieder Schulphasen, in denen eine Schülerin, ein Schüler wenig bis kein Verständnis für ein Thema aufbringt, und das sorgt für Scham und Frust beim Lernen. Insbesondere Schülerinnen und Schüler, die aufgrund mangelnder Sprachkenntnisse Aufgaben nicht zufriedenstellend bearbeiten und lösen können, werden diesen Frust häufig spüren. Sie können sich wahrscheinlich auch weniger an Unterrichtsgesprächen beteiligen, ihr Wissen über ein Thema der Klasse verständlich präsentieren und so weiter. Es fehlt ihnen an Grundlagen, um gute Gespräche zu führen oder längere Erklärungen, Erzählungen oder Beschreibungen zu formulieren, obwohl sie das gerne gemacht hätten und auch vom Verständnis her dazu in der Lage wären.

Jedes Kind hat das Recht auf Förderung

Jedes Kind hat das Recht auf Förderung seiner Entwicklung (§1 SGB VIII). Insbesondere Schulen sind damit beauftragt, jedes Kind gemäß seinen Bedürfnissen bei der Entfaltung seiner sozialen, kognitiven und sprachlichen Fähigkeiten zu unterstützen. Solche unterstützenden Maßnahmen können in den Unterricht integriert oder ergänzend angeboten werden. Sobald auch allgemeine Bildungsziele (zum Beispiel lesen und schreiben lernen, angemessen und effizient zuhören, adressatengerecht sprechen, sich präzise und treffend ausdrücken lernen) im Sinne einer bildungssprachlichen Förderung Teil der Unterrichtspraxis sind, wird schon damit der Grundstein für eine integrierte Sprachförderung gelegt.

Nicht jedes Kind benötigt Sprachförderung und nicht jedes Kind profitiert von den Angeboten gleichermaßen. In der Regel zielt man mit **ergänzenden** Maßnahmen auf die **Kompensation** und bei **integrierten** Maßnahmen auf die **Vorbeugung** (Prävention) von sprachlichen Schwierigkeiten. Diese können bereits vor der Schule vorliegen oder sich im Laufe der schulischen Laufbahn entwickeln oder verstärken.

✔ Ergänzende Fördermaßnahmen zielen auf **Kompensation** von sprachlichen Schwierigkeiten.

✔ Integrierte Fördermaßnahmen zielen auf **Vorbeugung** von sprachlichen Schwierigkeiten.

Jedes Kind kann in seiner schulischen Laufbahn gelegentlich Lernschwierigkeiten haben. Die Notwendigkeit sprachfördernder Maßnahmen ergibt sich jedoch aus verlässlichen Daten und Fakten über den Stand der Sprachentwicklung des Kindes. In der Regel kommen die Maßnahmen bei anderweitigen Unauffälligkeiten in Betracht. Lernende ohne anderweitige Unauffälligkeiten sind Lernende, die ohne allzu große Schwierigkeiten und Anstrengungen schulische Verpflichtungen weitestgehend allein erfüllen können. Sie sind von kognitiven oder sprachlichen Einschränkungen nicht betroffen. Eventuelle Auffälligkeiten wie beispielsweise kognitive Einschränkungen, Lernstörungen, physiologische Einschränkungen sollten aber **vor** der Fördertätigkeit bekannt sein, um frühzeitig eine Kooperation zwischen Fachleuten und Bezugspersonen, zum Beispiel den Eltern, aufzubauen.

Verzögerungen in der Sprachentwicklung werden in standardisierten Testverfahren ermittelt (siehe Kapitel 6). Kinder mit Deutsch als Zweitsprache zeigen in diesen Tests oft Defizite. Dies rührt daher, dass diese Tests Kinder mit Deutsch als Erstsprache als Vergleichsgruppe zugrunde legen. Da weder Qualität noch Dauer noch Alter des Kindes beim ersten Sprachkontakt mit der Sprache vergleichbar sind, werden Defizite konstatiert. Diese Profile sind aber von den Sprachprofilen von Kindern zu unterscheiden, die mit gleichem Sprachinput wie die Vergleichsgruppe aufwachsen und dennoch eine Sprachverzögerung zeigen. Der Sprachinput ist für die Sprachförderung zentral und bezeichnet die Gesamtheit der von außen kommenden, mündlichen und schriftlichen Informationen oder Anregungen, der eine bestimmte Person gezielt oder beiläufig, kurz- oder längerfristig ausgesetzt ist. Das kann eine Unterhaltung zwischen einem Paar in der U-Bahn, die nächtlichen Hörgeschichten, die Klärung des Gesundheitszustandes beim Arzt oder die Erklärung eines Themas durch die Lehrkraft sein.

Was die Schule als unzureichende Sprachkenntnisse attestiert, ist demnach in Anbetracht des angebotenen Inputs erklärlich und verständlich und als große Lernleistung zu werten. Unabhängig davon, ob ein Kind neu zugewandert ist, vorwiegend in einer anderen Sprache sozialisiert ist oder in einer sprachlich ungünstigen Umgebung aufwächst, kann es durch eine professionell gestaltete, auf die individuellen Bedürfnisse ausgerichtete Sprachförderung positive Lernerlebnisse erzielen und Erfolge haben.

Diese und weitere Themen greifen wir im Buch auf. Wir möchten betonen, dass wir die sprachlichen Kompetenzen als die tragende Grundlage des schulischen Lernens in allen Fächern ansehen und dass diese wesentlich für das individuelle und gemeinsame Wohlergehen sind.

Kein Lernen ohne Sprache

Kommunikation findet nicht immer verbal (sprachlich) statt, es gibt auch Gebärdensprachen und Symbolsprachen. In der Regelschule dominiert verbale Sprache als Grundlage des Lehrens und Lernens in allen Schulfächern. Durch Sprache vermitteln wir Inhalte und bauen zum Beispiel Wissen auf. Dabei spielt unser Wortschatz eine tragende Rolle. Schwer verständliche Inhalte müssen sprachlich so verarbeitet oder vielleicht sogar vereinfacht werden, dass die Schülerinnen und Schüler einen leichten Zugang dazu finden. Man kann komplexe Inhalte durch leichte Sprache zugänglich machen.

Die sprachlichen Formen, die im Mathematikunterricht, im Sachunterricht oder in den Deutsch- und Sportstunden vorherrschen, unterscheiden sich jedoch voneinander. Im Sportunterricht gibt die Lehrkraft häufig Anweisungen, die von Schülerinnen und Schülern verstanden werden sollten – dabei kommt meist der Imperativ, also die Befehlsform, zum Einsatz. *Nimm Anlauf und mache einen Salto vorwärts und richte dich danach sofort auf. Halte deinen Körper gerade.* Schülerinnen und Schüler beschreiben sich unter Umständen bestimmte Abläufe gegenseitig, vergewissern sich oder wiederholen die Aufgabe, um die Anweisungen wie beabsichtigt auszuführen. *Wir sollen eine Vorwärtsrolle machen und danach sofort aufstehen ...*

Im Sachunterricht spielen erklärende Aussagen eine zentrale Rolle. Die Lehrkräfte erläutern zum Beispiel ihre Experimente, während sie sie durchführen. Das Experiment wird also verbal begleitet. Sie verwenden zum Teil komplexe Aussagesätze. *Wenn gleichartige Pole zweier Magnete aufeinandertreffen (hier beide positiv), stoßen sie sich ab. Ich kann sie nicht zusammenbringen. Sind die Pole aber verschiedenartig (jetzt drehe ich die Magnete, negativ und positiv), dann ziehen sie sich an.* Aber auch Aufforderungen sind üblich, zum Beispiel, wenn Schüler eigenständig Experimente durchführen sollen. *Nimm dir nun zwei Stabmagnete und teste die Anziehungskraft selbst aus. Schreibe auf, was du beobachtest.* Diese Aufforderungen sind charakteristisch für Aufgabenstellungen und die Schüler sollten sie vollständig verstehen, damit sie einerseits die Inhalte begreifen und andererseits die Aufgaben erfolgreich bearbeiten können. Neben Lehrkräften sind auch Schülerinnen und Schüler in solchen und ähnlichen Unterrichtssettings aktiv. Sie fragen nach, beschreiben ihre Handlungen, geben die Aufgabe mit eigenen Worten wieder, um sicherzugehen, dass sie sie verstanden haben. Sie verarbeiten das Wissen, das die Lehrkraft im unterrichtlichen Handeln hervorruft, mithilfe von Sprache.

Neben den grammatischen Mitteln profitieren Schülerinnen und Schüler auch von einem adäquaten Wortschatz, also dem speziellen Wortschatz des Fachs (Salto, Pole, Anziehungskraft), davon, sich die Bedeutungen der Wörter zu erschließen und aus dieser rezeptiven Wortschatzleistung zu einem produktiven Gebrauch des neu gelernten Fachwortschatzes zu gelangen. Durch die nähere Beschäftigung mit den Sachverhalten mit den anderen Schülerinnen und Schülern lernen und gebrauchen sie den nötigen Fachwortschatz. Eine wichtige Rolle beim Lernen neuer Inhalte spielen die handschriftlichen Notizen, das Zusammenfassen von Texten und das schematische Visualisieren von Inhalten. Auch hier gilt: Einerseits lernen die Schülerinnen und Schüler die Tätigkeit an sich kennen, also das Aufschreiben, das Zusammenfassen und das Visualisieren, und andererseits entwickeln sie dabei ihre sprachlichen Kompetenzen weiter. Das Fachwissen wird in solchen Fällen gerade erst aufgebaut. In dem Maße, in dem die Schülerinnen und Schüler die Sprache beherrschen, entlastet eine gute Sprachkompetenz den Lernprozess. Sind die Schülerinnen und Schüler erst dabei, die Sprache zu lernen, ist die Bewältigung beider Aufgaben kognitiv anspruchsvoller.

Schüler könnten Folgendes schreiben:

1. Ich habe beobachtet, dass sich der Stab bewegt, wenn sich die Stäbe einander nähern. Sie bewegen sich voneinander weg oder sie ziehen sich an.

2. Wenn ich die beiden Stäbe zusammentun wollte, war das manchmal schwer, aber manchmal leicht.

3. Der Stab bewegt sich. Er geht weg, wenn ich den anderen zu ihm lege. Manchmal kommen sie sich aber näher.

Die Schüler beschreiben das, was sie beobachtet haben, sprachlich auf vielfältige Weise. Alle Antworten bringen das Beobachtete gut zum Ausdruck, unterscheiden sich jedoch in ihrer sprachlichen Richtigkeit und Angemessenheit bezüglich des Wortschatzes.

Welche der Sätze empfinden Sie als gut gelungen?

In fachlicher Hinsicht sind (in unseren laienhaften Augen) alle drei gut gelungen. Haben Sie in sprachlicher Hinsicht einen Favoriten? In Satz 1 werden die Aufgabenstellung als Orientierung genutzt (Ich habe beobachtet, dass ...) und syntaktisch komplexe und präzise Ausdrücke verwendet (sich einander nähern, sich voneinander wegbewegen). Satz 2 ist eher alltagssprachlich formuliert und enthält überwiegend unspezifische Ausdrücke (zusammentun, manchmal schwer/leicht), wobei der Gedanke in einem einzigen Konditionalsatz wiedergegeben wird. In der dritten Antwort (Satz 3) stecken ebenfalls unspezifische, meist alltagssprachliche, Ausdrücke (geht weg, manchmal). Sie besteht aus drei Aussagesätzen inklusive eines Konditionalsatzes).

Das sind fiktive Beispiele. Im normalen Schulalltag drücken sich Kinder oft unspezifisch beziehungsweise fragmentarisch aus, wie beispielsweise in Satz 4. Sachkundelehrkräfte kennen die Herausforderung, Schülerinnen und Schülern zu vermitteln, wie man Versuchsberichte schreibt. Es braucht viel Fachwissen und Erfahrung, um in diesen Aussagen das Richtige zu erkennen, die Leistung zu würdigen und eine Erweiterung oder Präzisierung der Aussage anzubieten. Genau das ist sprachförderliches Handeln.

4. Man tut zwei Dinge zusammen und dann bewegt sich das eine.

Deshalb ist Sprachförderung nicht nur im Deutschunterricht ein wichtiges Thema, sondern auch in weiteren Fächern (siehe Abbildung 1.4). In der Förderpraxis sprechen wir in diesem Fall von einer fachintegrierten Sprachförderung. Diese findet überwiegend in der Schule statt. Die fachintegrierte Sprachförderung zielt zwar – wie die basale Sprachförderung – auf die Erweiterung der basalen Sprachkompetenzen, berücksichtigt aber stärker fachspezifische Anforderungen und Ziele (Fachwortschatz und diverse Redemittel). Die Ziele bestehen darin,

✔ während des Erwerbs des Fachwissens den Fokus auf fachspezifische Redemittel zu lenken und auch sprachliche Lernziele transparent zu machen,

✔ diese zur Verfügung zu stellen,

✔ den Schüler zu ermutigen, passende Redemittel zu verwenden, um Inhalte zu verstehen und sich fachlich angemessen auszudrücken.

Abbildung 1.4: Zusammenhang zwischen Sprache und Fach

Von einer guten (fachintegrierten) Sprachförderung profitieren Schülerinnen und Schüler zweifach: Sie verbessern ihre Sprachkompetenzen und bauen ihr Fachwissen auf und aus. Sprachförderung ist demnach einer der wichtigsten Schlüssel zum erfolgreichen schulischen Lernen – und das nicht nur im Fach Deutsch!

 Der Zusammenhang zwischen sprachlichen Fähigkeiten und fachlichem Lernen ist gut erforscht. Er zeigt sich besonders deutlich in Fächern wie Mathematik und Naturwissenschaften. Neben den kognitiven Grundfähigkeiten des Kindes beeinflussen auch die Sprachkompetenzen den Erfolg beim fachlichen Lernen. Auch umgebungsbedingte Faktoren wie zum Beispiel der sozioökonomische Status und das kulturelle Kapital der Familie zeigen einen Effekt auf das fachliche Lernen.

Da Sprachkompetenzen einen großen Einfluss auf das Lernen haben, werden sie als Prädiktoren für schulische Leistungen herangezogen. Ein Prädiktor ist eine Variable, die eine gewisse Vorhersagekraft besitzt. Verfügt ein Schüler also über gute Sprachkompetenzen, lässt sich mit großer Wahrscheinlichkeit vorhersagen, dass er gute schulische Leistungen zeigen wird.

Sprache ist bildungsrelevant

Da Sprachkompetenzen die Bildungschancen erheblich beeinflussen, ist Sprachförderung ein wichtiges Werkzeug, um die Bildungsgerechtigkeit zu stärken. Sprachförderung ist eine professionelle Reaktion auf Schwierigkeiten beim Erlernen der Sprache, die sich beim Lernen allgemein oder in speziellen Fächern zeigen können. Im Folgenden schauen wir uns konkrete Beispiele der Sprachförderung im Schulalltag an.

Sprache bildet

Im Alltag müssen Menschen kommunikative Herausforderungen überwinden. Im Schulalltag kommen Situationen wie die folgende häufig vor.

Ailan (weinend): Ken hat mein Pokemonkarte genehmt. Er gibts nicht zurück. Das gehört aber mir. (Zu Ken) Gib mirs zurück.

Lehrkraft: Ich verstehe deinen Unmut, Ailan. Beruhige dich. Wir besprechen es gleich zu dritt und suchen eine Lösung. Okay?

... ein wenig später ...

Lehrkraft, Ken und Ailan sitzen gemeinsam an einem Tisch.

Lehrkraft: Ken, kannst du bitte die Pokemonkarte auf den Tisch legen? Du hast sie doch dabei, oder?

Ken: Ja.

Ailan: Das gehört mir.

Ken: Nein mir. Du hast sie mir geschenkt.

Ailan: Ich hab nicht geschenkt.

Ken: Doch

Lehrkraft: Beruhigt euch bitte. Ken, kannst du die Karte bitte in die Mitte legen? Wir fassen die Karte erst einmal nicht an, okay?

Ken legt sie auf den Tisch.

Lehrkraft: Ailan, erzähl bitte mal, was passiert ist.

Ailan: Ich habe mit mein Pokemonkarten gespielt. Dann ist Ken gekommen und wollte mitspielen. Ich wollte nicht. Dann hat er eine Karte genehmt und gesagt, das gehört mir.

Ken: Nein. So war das nicht.

Lehrkraft: Ken, gleich bist du dran. Ailan darf noch zu Ende sprechen.

Ailan: Ich bin fertig.

Ken: Also es war so. Ailan hat mit den Karten gespielt. Das stimmt. Dann bin ich zu ihm gegangen und wollte mitspielen. Er wollte nicht, dass ich mitspiele. Dann habe ich gefragt, ob er mir eine Karte gibt. Er sagte ja.

Ailan: Aber nur jetzt, nicht immer.

Lehrkraft: Du wolltest also Ken eine Karte ausleihen? Stimmt das?

Ailan: Ja, nur ausleihen.

Ken: Das hast du aber nicht gesagt.

Ailan: Ich meinte es aber so.

Lehrkraft: Gut, dann schlage ich vor, dass du, Ailan, die Karte jetzt einsteckst und beim nächsten Mal genau sagst, dass du sie nur ausleihst, wenn du es auch so meinst, okay? Ken, beim nächsten Mal fragst du ihn, ob er sie dir schenkt oder nicht. Dann weißt du auch, ob sie geschenkt oder nur ausgeliehen ist. Verbleiben wir so?

Ken und Ailan nicken und geben sich die Hand.

Diese Situation ist eine gute Gelegenheit für Sprachförderung, denn man kann darauf wunderbar sprachförderlich reagieren, was die Lehrkraft in diesem Fall auch tut.

Ailan hat seinen Ärger zunächst verständlich geäußert. In seiner Äußerung entdecken wir grammatische Fehler, die wir in der Sprachförderung gut auffangen können. Ein paar typische Fehler haben Sie bestimmt schon bemerkt (siehe Tabelle 1.1):

genehmt	das/es statt sie	geschenkt ohne Objekt	mein statt meinen
Es kommt häufig vor, dass Schülerinnen und Schüler Verben falsch flektieren, vor allem dann, wenn sie unregelmäßig sind.	Die Verweise (deiktische Elemente zur Herstellung von Kohärenz) stimmen teilweise nicht mit dem Genus (Artikel im Nominativ) des Bezugsnomens überein, da Verweise die Kenntnis von Genus, Numerus und Fall voraussetzen.	Für einen konzeptuell und grammatisch korrekten Gebrauch des Verbs »schenken« im Satz müssen 2 Leerstellen besetzt werden: (1x Sache Akkusativobjekt und 1x Person Dativobjekt)	Auch Kasusfehler (vor allem in Bezug auf Akkusativ und Dativ) kommen häufig vor.

Tabelle 1.1: Typische Fälle für Sprachförderung

Die Lehrkraft reagiert auf die Äußerungen von Ken und Ailan pädagogisch und sprachlich professionell. Sie fasst zunächst Ailans Befinden zusammen, bezeichnet es als Unmut und spricht es angemessen aus. Sie wechselt zwischen Satzformen (Aussagen und Aufforderungen) und verwendet neben Indikativ die Imperativform. Die Sätze bauen aufeinander auf und lassen eine inhaltlich konsistente Struktur erkennen. Wenn Sie alltagsintegriert sprachförderlich handeln möchten, ist es wichtig, in Interaktionen wie diesen den Förderbedarf zu erkennen und die unterschiedlichen sprachförderlichen Strategien im Gespräch einzusetzen.

Genau das tut die Lehrkraft in der Situation. Die Ursache für das Missverständnis liegt in der fehlenden Differenzierung der Bedeutungen und der Kontexte der Wörter »ausleihen«, »schenken« und »geben«. Das greift die Lehrkraft im Verlauf des Gesprächs auf und verwendet ausdrücklich die passenden Begriffe. Offensichtlich führt nicht die Verbesserung grammatischer Fehler zur Aufklärung der Situation, sondern die Erweiterung und Präzisierung der Bedeutungskontexte. Eine gute Sprachförderkraft erkennt, was Schülerinnen und Schüler benötigen, um erfolgreich zu kommunizieren. Sie erkennt, welche sprachlichen Bereiche relevant für die spezifische Situation sind, und geht diese an. Sie kann also selektieren. Das gelingt besser, wenn sie die verschiedenen Bereiche der Sprache kennt und voneinander unterscheiden kann (siehe Teil II).

Wahrscheinlich haben Sie eine ähnliche Situation schon selbst erlebt und womöglich unbewusst sprachförderlich reagiert. Herzlichen Glückwunsch! Es ist aber so, dass die bewusste, gelenkte Aufmerksamkeit auf Ihr sprachförderliches Handeln die Qualität Ihrer Sprachförderung steigern wird. Sie wissen, was Sie tun und warum Sie es tun. Dabei möchte dieses Buch Sie unterstützen.

> *Sprachförderung findet also nicht nur in den Förderstunden statt; sie umfasst sowohl das gesteuerte Lernen im Unterricht als auch das prinzipielle Handeln in jeglicher Interaktion. Sprachförderung kommt immer dann zum Einsatz, wenn es erforderlich und angemessen ist.*

Die Sprachen der Schule

Sprache entwickelt sich natürlich im alltäglichen Umgang. In der Schule wird sie allerdings gezielt und bewusst eingesetzt. Gezielt bedeutet, dass man ein Ziel vor Augen hat. Dieses Ziel ist, das Lernen insgesamt zu erleichtern und zu erlernende Inhalte über Sprache zugänglich zu machen. Man lernt, verarbeitet und reflektiert Wissen mit Sprache.

Der Schulalltag besteht aus vielen verschiedenen Aufgaben. Die Schülerinnen und Schüler lernen konzentriert, reflektieren über ihr Gelerntes, besprechen Klassenregeln, klären Streitigkeiten, organisieren Klassenausflüge, planen Termine, lernen neue Themen kennen und übernehmen Dienste für ein friedliches und verantwortungsvolles Miteinander im Klassenzimmer und auf dem Schulhof. Bei all diesen und weiteren Aufgaben benötigen sie gute Sprachfähigkeiten, um im Schulalltag sprachlich »leben« und »bestehen« zu können.

Die meisten Kinder haben ein relativ gutes Gespür dafür, dass man während der Themeneinführung im Unterricht anders spricht als beim Besprechen der Klassenregeln oder während Konflikte geklärt werden. In alltäglichen Gesprächen beziehungsweise Konflikten sprechen wir eher umgangs- bzw. alltagssprachlich, beim ersten bedient man sich hauptsächlich der Fach- und Bildungssprache (siehe Abbildung 1.5).

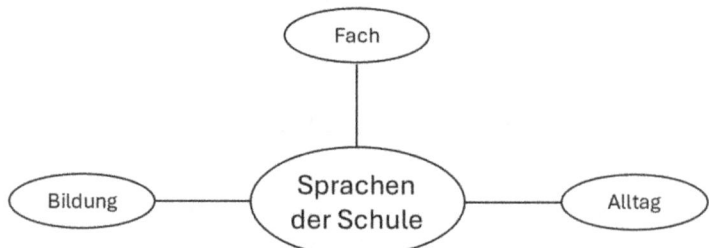

Abbildung 1.5: Sprachen der Schule

Die Sprachen der Schule haben eine bildungs-, eine fach- und eine alltagsbezogene Funktion. Sie sind Ziel und Medium zugleich. Die KMK (2022) merkt in den Standards für die Kompetenzbereiche des Faches Deutsch im Primarbereich (Seite 11) dazu Folgendes an:

> *Je nach kommunikativen Anforderungen entwickelt sich die Fähigkeit zum bewussten Registerwechsel mit Blick auf die kommunikativen Ziele und die Gesprächspartnerinnen und -partner, zum Beispiel Alltagssprache, Bildungssprache, Fachsprache.*

Ein bewusster Registerwechsel bedeutet, dass die Schülerinnen und Schüler in der Lage sind, in verschiedenen Situationen die passende Sprachform (Alltags-, Bildungs-, Fachsprache) zu verwenden (produktive Fähigkeiten). Das setzt wiederum voraus, dass sie in der Lage sind, die Unterschiede zwischen den Sprachregistern zu erkennen (rezeptive Fähigkeiten, auch Sprachbewusstheit).

Im Unterricht wechselt die Lehrkraft häufig zwischen Sprachregistern. Sie nutzt oft einen Mix aus alltäglichem, bildungssprachlichem und fachsprachlichem Ausdruck, während sie in komplexe Themen einführt. Sie nutzt die unterschiedlichen Ausdrucksformen, während Schüler sich neues Wissen aneignen. Auch Lehrwerke oder andere Lernmaterialien nutzen bewusst einen Registerwechsel. Man versteht in diesem Kontext Sprache als Lernmedium.

Die Lehrkraft führt aber gleichzeitig die Schüler auch an die unterschiedlichen Ausdrucksformen heran und plant den Erwerb bildungs- und fachsprachlicher Lernziele ein. In diesem Fall ist die Sprache selbst ein Lernziel.

Ob als Lernmedium oder Lernziel – Ziel ist es, sprachbewusste Schülerinnen und Schüler auszubilden, die ein gutes Gespür für die unterschiedlichen Ausdrucksformen entwickeln und in passenden Situationen sicher zwischen ihnen hin und her wechseln können. Sie sprechen mit der Lehrkraft eben anders als mit der Clique.

Den Sprachen der Schule begegnen Schülerinnen und Schüler an unterschiedlichen Stellen: im Unterricht, in Schulbüchern, in Unterrichtsgesprächen, in außerschulischen Aktivitäten und so weiter. Sie sind wichtig für das Verstehen und Lernen neuer Inhalte, die Verarbeitung, Vertiefung und Reflexion des Gelernten, den fachlichen Austausch im Unterricht und dergleichen. In Lernprozessen ist es deshalb üblich und sinnvoll, sich aller Ausdrucksformen gleichermaßen zu bedienen und flexible, fließende Übergänge zwischen den Ausdrucksformen zuzulassen.

In der Schule, in der das Lernen systematisch geschieht, nutzt man Sprache anders als in anderen Kontexten, wie zum Beispiel in Gesprächen im Krankenhaus, im Bürgeramt oder auf einer Party. Die in der Schule, insbesondere im Unterricht, mündlich wie schriftlich verwendete Sprache hat vorwiegend didaktische Zwecke. Lehrkräfte ermöglichen ihren Schülerinnen und Schülern damit ein erfolgreiches Lernen, und schaffen optimale Lernbedingungen.

Im Alltag, außerhalb des Unterrichts, sprechen die Lehrkräfte weniger »lehrend«. Die Unterhaltungen sind eher unbekümmert, verfolgen vorwiegend kommunikative, pädagogische Ziele (beispielsweise Klärung von Missverständnissen, Ausdruck von Emotionen, Ereignisse berichten usw.) oder enthalten nicht standardsprachliche Ausdrücke oder Wörter aus anderen Sprachen (Englisch, Spanisch, Italienisch).

Diese Unterschiede führen dazu, dass wir im Kontext Schule von verschiedenen Schulsprachen sprechen:

✔ Alltagssprache

✔ Bildungssprache

✔ Fachsprache

Alle drei sind für den Schulalltag, die Unterrichtspraxis und die Förderpraxis gleichermaßen relevant.

Wir gehen nun auf die wesentlichen Aspekte dieser verschiedenen Schulsprachen ein. So lässt sich besser nachvollziehen, womit Schülerinnen und Schüler im Schul- und Unterrichtsalltag konfrontiert werden, und wir können verstehen, was die Herausforderung überhaupt ist.

Alltagssprache

Die Alltagssprache ist in der Sprachwissenschaft kein klar abgrenzbarer Begriff. Sie wird oft synonym zur Umgangssprache definiert. Das Digitale Wörterbuch der deutschen Sprache (DWDS) und des Duden schreiben dazu:

> *Alltagssprache/Umgangssprache (DWDS)*
>
> *im täglichen Umgang verwendetes, meist mündliches und nicht (wie ein Dialekt) räumlich begrenztes informelles sprachliches Register unterhalb der Standardsprache*
>
> *Alltagssprache (Duden)*
>
> *Sprache, die im alltäglichen Verkehr der Menschen untereinander angewendet wird und zwischen Standardsprache und Umgangssprache steht*
>
> *Umgangssprache (Duden)*
>
> *Sprache, die im täglichen Umgang mit anderen Menschen verwendet wird; nicht der Standardsprache entsprechende, aber weitgehend akzeptierte, meist gesprochene überregionale Sprache*

In der Förderpraxis stellt die Alltagssprache eine der Referenzsprachen dar. Man setzt bereits bei der Alltagssprache an, denn sie ist die Basis des sprachlichen Handelns. Wir verstehen und erläutern sie in diesem Buch in Bezug auf den Schulalltag und legen zugrunde, dass sie sich von anderen schulsprachlichen Registern insbesondere in Wortschatz und Grammatik unterscheidet.

In Bezug auf den Schulalltag fassen wir die wesentlichen Aspekte der Alltagssprache folgendermaßen zusammen:

✔ Die Alltagssprache wird meist nur gesprochen, sie existiert aber auch in institutionalisierten Kontexten wie in Klassengesprächen.

✔ Die Alltagssprache wird im Unterricht nicht explizit thematisiert, sondern lebt und existiert intuitiv in Unterrichtsgesprächen zwischen Schülern untereinander und zwischen Schülern und Lehrkräften.

✔ Die Schulalltagssprache verändert sich situations-, benutzer- und adressatenabhängig. So weist die Sprache des Alltags eines Schülers andere Eigenschaften auf als die Alltagssprache eines Erwachsenen. Zeigt der Alltag Schnittmengen (wie zum Beispiel Schüler – Lehrkraft, Pilot – Stewardess, Straßenbaumeister – Bauingenieur), treten Ähnlichkeiten auf (zum Beispiel im Wortschatz, in Satzstrukturen oder in fachlichen Ausdrucksweisen).

✔ Die Sprache des Alltags einer Lehrkraft ist im Klassenzimmer eine andere als die Sprache im Lehrerzimmer. Die Sprache, die sie im Klassenzimmer nutzt, dient insbesondere pädagogisch-didaktischen Zwecken. Lehrkräfte sprechen meist klar, deutlich und mit einem angemessenen Ton, wobei sie am Esstisch oder im Lehrerzimmer sich auch mal einen »Plauderton« gönnen.

✔ Die für den Alltag typischen sprachlichen Ausdrucksformen sind einfache Sprachmittel wie zum Beispiel einfache Aussagesätze mit Subjekt, Verb, Objekt, im Präsens (statt Futur) oder Perfekt (statt Präteritum), im Akkusativ statt Dativ, mit abgekürzten Sätzen (»komm gleich« statt »Ich komme gleich«) und so weiter.

✔ Alltags- bzw. umgangssprachliche Formen stellen außerdem die Mindestanforderungen im Unterricht dar und werden bei Schulbeginn vorausgesetzt.

Zu Beginn der Förderung sollte geprüft werden, ob das Kind Schwierigkeiten in den basalen oder in den bildungssprachlichen Fähigkeiten hat. Je nachdem ist die Referenzsprache eher die Alltags- oder eher die Bildungs-/Fachsprache. Die basalen Fähigkeiten beziehen sich meist auf die basalen grammatischen Strukturen (Satzbau, Artikel/Genus, Verbflexion, Wortbildung …) sowie Wortschatzkenntnisse, die von den meisten Kindern im Kleinkindalter bzw. vorschulisch zum Großteil erworben werden (Wörter zu den Gegenständen und Tätigkeiten im Klassenzimmer, im Wohnzimmer, im Schwimmbad usw.).

Die bewusste Sprachverwendung im Klassenzimmer bzw. in Schülergesprächen, also zu wissen, welche Sprachform gerade im Vordergrund steht und die angemessenere ist, ist eins der »Solls« für das sprachförderliche Handeln. Unabhängig davon, ob Sie speziell mit Sprachförderung an Ihrer Schule beauftragt sind oder nicht, sollten Sie sich die Formen einer bewussten Sprachverwendung (Klarheit und Präzision in Ausdruck und Grammatik, deutliches Sprechen, vollständige Ausdrücke (»Zieht eure Jacken an« statt »Jacke anziehen«) zum Prinzip machen.

Fachsprache

Fachsprachlich kommunizieren zu können, ist eine der wichtigsten Fähigkeiten in Schule, Ausbildung und Beruf. Menschen in einem bestimmten Tätigkeitsbereich verständigen sich bei sachbezogenen Angelegenheiten über fachsprachliche Strukturen – so zum Beispiel Lehrkräfte in Mathematik, Religion oder im Sachunterricht, Fachkräfte in der Medizin, im Bergbau oder in der Buchhaltung oder Polizisten.

In der Schule sollen Schülerinnen und Schüler in erster Linie fachliche Inhalte verstehen und neue Perspektiven und Erkenntnisse über die Welt und die Natur erlangen. Sie sollen fundierte Kenntnisse in Fachsprache und im Fachwortschatz aufbauen, den Verwendungskontext im Gegensatz zu den übrigen Sprach- und Ausdrucksformen (Alltagssprache, Bildungssprache) erkennen und diese zur Bereicherung ihres Fachwissens nutzen.

 Fachsprache ist eine besondere Ausdrucksform, die eine präzise, effektive Kommunikation unter »Fachleuten« über meist berufsspezifische Themen und Tätigkeiten ermöglicht.

Wichtige Merkmale:

✔ terminologisch normierter Fachwortschatz

✔ spezielle Wortbildungsregeln (mehrgliedrige Komposita, spezielle Präfixbildungen, Fachmetaphorik, Fremd- und Kunstwörter)

✔ Nominalstil (verdichteter Informationsgehalt)

✔ unpersönliche Konstruktionen (man, lassen, Passiv)

✔ hohe Standardisierung, Exaktheit und Ökonomie der Informationsvermittlung

Die Fachsprache erlaubt eine hohe sprachliche Verdichtung in der Wiedergabe sachbezogener Gedanken. In ihrer Reinform ist sie frei von alltagssprachlichen Konnotationen und erfordert eine gewisse sprachliche Distanz. Der reinen Fachsprache begegnen wir beispielsweise in juristischen und wissenschaftlichen Texten. Die in der Schule verwendete Fachsprache nutzt eine relativierte Form.

Nehmen wir als Beispiel den Magnetismus. Magnetismus ist eines der Themen der Physik, das in mehreren Klassen- und Altersstufen unterrichtet wird und sich entsprechend über mehrere Jahre erstreckt. Der fachliche Anspruch des Themas steigt mit der Zeit, was bedeutet, dass die Sprache, die dazu genutzt wird, ebenfalls anspruchsvoller wird.

1. Magnete üben Kräfte nur auf ferromagnetische Stoffe (zum Beispiel Eisen, Kobalt, Nickel) aus.

2. Magnete sind Körper, die andere Körper (aus Eisen, Kobalt und Nickel) in ihrer Umgebung magnetisch beeinflussen.

3. Magnete sind Stoffe, die andere Stoffe aus Eisen (Büroklammer, Nägel, Fahrradschloss), Kobalt (Batterien) und Nickel (Münzen, Mikrofonkapseln, E-Gitarrensaiten) anziehen. Man findet sie natürlicherweise in der Welt.

Haben Sie eine Idee, welche Erklärung für welche Altersgruppe angemessen ist?

Je jünger die Zielgruppe ist, desto konkreter wird die Sache. So gesehen könnte die letzte Aussage gut zum Unterricht mit jüngeren Kindern passen, die ersteren zum Unterricht mit Jugendlichen oder jungen Erwachsenen. Die Begriffe »ferromagnetisch«, »Körper« und »Kräfte« könnten für Grundschüler noch sperrig erscheinen, für Jugendliche möglicherweise nicht mehr. Weil das Vorwissen mit der Zeit wächst und wir grundsätzlich zeit- und inhaltsökonomisch sprechen (»das Gemeinte in möglichst wenigen Sätzen ausdrücken« als eine der Maximen in der Kommunikation), ist es wichtig, in wenigen Sätzen großes Wissen auszudrücken – und das können wir durch unser Wissen über Bildungs- und Fachsprache. Sie verdichten eben das Fachwissen.

Mit der Abbildung 1.6 können Archäologen vermutlich mehr anfangen als Laien. Für Laien ist der fachsprachliche Inhalt oft kaum oder nur teilweise verständlich, denn Adressat dieser Inhalte ist oft das Fachpersonal aus demselben Fachgebiet, das in der Regel keine Umschreibungen oder Vereinfachungen der Inhalte bedarf. Die spezifischen Fachausdrücke sind Teil ihrer Ausbildung und werden parallel zu den fachlichen Inhalten erworben und somit von allen geteilt.

Abbildung 1.6: Beispiel Fachsprache (Beispielsätze aus Helfert/von Hesberg 2023, S. 47, leicht geändert)

Das gilt auch für Schüler, die sich beispielsweise mit dem Thema Magnetismus lernend auseinandersetzen. Durch den Unterricht lernen sie einerseits Ausdrücke/Begriffe (Anziehungskraft, magnetisch, eine magnetische Kraft erzeugen und so weiter), die im Alltag kaum eine Rolle spielen, und andererseits aber in der einen oder anderen Bedeutung im Alltag durchaus vorkommen (Körper, Stoffe, Süd-/Nordpol, abstoßen, anziehen und so weiter). Kann die Lehrkraft mehr Vorwissen voraussetzen, weil sie beispielsweise Neuntklässler unterrichtet, wird sie vermutlich anspruchsvollere fachsprachliche Ausdrücke verwenden, als wenn sie Viertklässler unterrichtet.

Der fachsprachliche Ausdruck ist natürlich nicht nur den Fachleuten zugänglich. Je nachdem wie ausgeprägt Ihre Sprachbewusstheit ist, können Sie das folgende Beispiel womöglich schon teilweise verstehen, auch wenn Sie nicht vom Fach sind.

 Bei einer chronisch-venösen Insuffizienz kann der Venendruck mittels einer Photoplethysmographie ermittelt werden.

Sie wissen vielleicht, dass es sich bei »Photoplethysmographie« (zum Beispiel wegen der Endung »-graphie«) vermutlich um ein Gerät oder eine Methode handelt, das zum Beispiel in der Medizin oder in den Naturwissenschaften eingesetzt wird. Sie können die Begriffe »chronisch«, »venös« oder »Venendruck« hauptsächlich dem medizinischen Kontext zuordnen. Ihr Fremdwortschatz hilft Ihnen vermutlich auch, das Wort »Insuffizienz« zu verstehen: zum Beispiel, dass etwas ungenügende Leistungen zeigt. Es geht also wahrscheinlich darum, dass ein Gerät oder eine Methode verwendet wird, um den Venendruck bei Patienten zu messen, die von einer speziellen Venenerkrankung betroffen sind. Kurz: Fachsprache ist für den Laien nicht vollkommen sperrig, sondern kann entschlüsselt werden, sofern der Laie über bildungssprachliche und allgemeinsprachliche Fähigkeiten verfügt. Fach-, Bildungs- und Alltagssprache weisen Schnittmengen auf. Sie verwenden einerseits teilweise dieselben Strukturen (Passiv, Substantivierungen, einfache Aussagesätze et cetera) und andererseits sind sie durch den Gebrauch eines spezifischen Wortschatzes gekennzeichnet, der in der Regel nicht austauschbar ist, ohne die Bedeutung zu verändern aber durchaus umschrieben werden kann.

Bildungssprache

Bildungssprache ist die letzte Referenzsprache, die wir im Rahmen der Förderpraxis für wichtig halten. Sie ist wissenschaftlich ein schwer zu definierender Begriff, ist aber in der Bildungspolitik und der pädagogischen Praxis ziemlich bekannt und gängig.

Die Bildungssprache unterscheidet sich meist von der Familiensprache, die vorwiegend in Familien gesprochen wird, und von der Alltagssprache, die beispielsweise außerhalb der Bildungseinrichtung im Freizeitbereich gesprochen wird.

Ohne uns in theoretischen Diskussionen über Bildungssprache zu verlieren (das wäre für uns tatsächlich einfacher, aber für Sie langweilig), möchten wir einige allgemein akzeptierte Merkmale (in Bezug auf den schulischen Kontext) nennen, wonach man Bildungssprache von den übrigen Sprachformen grob unterscheiden kann (siehe Tabelle 1.2):

Didaktische Funktion	Gebrauchskontext	Explizitheit und Präzision	Besondere Sprachmittel
Man nutzt sie, um Schülerinnen und Schüler im Unterricht an die in den einzelnen Fächern zu erlernenden Themen heranzuführen.	eher in schriftnahen Kontexten (in Präsentationen, Aufsätzen, in Romanen, in Nachrichten und so weiter).	Bildungssprachliche Äußerungen verzichten auf außersprachliche Kontextverweise (hier, dort, ich, wo) und ungenaue und mehrdeutige Ausdrücke (manchmal, ein paar …, machen, natürlich).	Einige Sprachmittel und Redemittel sind für bildungssprachliche Äußerungen typischer als für andere (Funktionsverbgefüge, Nominalstil, Passiv, Konjunktiv; Nichtsdestotrotz, folgend, in Anlehnung an).

Tabelle 1.2: Merkmale der Bildungssprache (im Kontext Schule)

Selbstverständlich kommen auch der Fach- und Alltagssprache jeweils eine wichtige didaktische Bedeutung zu. Ersteres müsste bereits weiter vorn deutlich geworden sein. Die Alltagssprache ist ebenfalls didaktisch bedeutsam, denn es fällt den Schülerinnen und Schülern leichter, sich alltagssprachlich auszudrücken. Das ist beispielsweise dann vorteilhaft, wenn neues (und komplexes) Wissen verarbeitet und reflektiert werden muss. Am einfachsten geschieht das über umgangssprachliche Formen.

Zwei Jungen sitzen auf einem Felsen an einer Bucht und erleben in der Ferne das Versinken eines beladenen Schiffes.

Einer der Jungen sagt: »Da, schau mal, ein Schiff voll mit Ladung. Es geht so schnell unter.«

Am nächsten Tag will er im Erzählkreis von seinem Erlebnis erzählen. Es sagt dann: »Ich saß mit meinem Freund gestern Nachmittag am Strand und hab gesehen, wie ein Schiff mit seiner ganzen Ladung im Wasser gesunken ist. Keine Ahnung, was da passiert ist, aber nach nur ein paar Minuten haben wir von dem Schiff nichts mehr gesehen. So schnell ging das.«

Später bittet die Lehrkraft alle Kinder, ihre Wochenenderlebnisse aufzuschreiben. Nun fängt er an:

»Mein Freund und ich saßen am Sonntag an der Bucht auf einem Felsen und beobachteten Containerschiffe in der Ferne. Wir zählten sie und hatten viel Spaß. Plötzlich entdeckten wir ein vollbeladenes Containerschiff, das blitzschnell im Meer versank. Wir konnten vom Schiff bald nichts mehr erkennen.«

So wie in der Fachsprache kann man auch mithilfe der Bildungssprache Gedanken und Emotionen verdichtet wiedergeben. Für die Verdichtung sorgen zum Beispiel explizite und präzise Ausdrücke (»versank« statt »geht ... unter«, »das voll beladene Schiff« anstelle von »ein Schiff voll mit Ladung«, »blitzschnell« anstelle von »nach zwei, drei Minuten«) und eine ökonomische Syntax (zum Beispiel wenige Hauptsätze, Verknüpfung zweier Hauptsätze mit passenden Konnektoren). Die Auseinandersetzung mit Bildungssprache hat den Vorteil, dass man damit das eigene Ausdrucksrepertoire erweitern kann, die Gedanken situationsangemessen formulieren kann, sich unter Umständen ökonomischer äußern und mit Sprache insgesamt bewusster umgehen kann.

Kenntnisse in Bildungssprache sind von Vorteil, wenn man Gedanken möglichst präzise wiedergeben möchte. Bildungssprache ist also ein Mittel der Wahl, die aber erworben und genutzt werden muss. Sobald wir es mit Sachtexten, literarischen Texten, Nachrichten, wissenschaftlichen Beiträgen oder Vorträgen etc. zu tun haben und diese verstehen wollen, um beispielsweise öffentlich mitzudiskutieren oder uns über Entwicklungen in der Welt (Politik, Technologie, Gesellschaft) zu informieren, müssen wir uns zwingend mit der Bildungssprache auseinandersetzen. Im schulischen Kontext bedeutet das, dass auch die Bildungssprache zum Unterrichtsgegenstand gemacht werden muss, denn sie ist ein wichtiger Schlüssel zur Teilhabe am gesellschaftlichen Leben.

Es gibt in der Schule kaum Verwendungskontexte, in denen Alltags-, Bildungs- oder Fachsprache isoliert vorkommen. In Texten, Hörgeschichten, Dokumentarfilmen, Interviews, Erklärvideos überschneiden sie sich häufig. In der Schule wechselt man häufig zwischen fach-, bildungs- und alltagssprachlichen Ausdrucksformen. Wir möchten damit betonen, dass wir von einer scharfen Trennung zwischen den schulsprachlichen Registern zugunsten eines effizienteren Lernens von Sprache insgesamt absehen, und gehen davon aus, dass die Bildungssprache eine verdichtete Form des Ausdrucks darstellt, womit fachliche Inhalte komprimierter dargestellt werden können. Die Alltagssprache kann dagegen schülerseitig zur Sicherung des Verständnisses bei komplexen Unterrichtsthemen und in Unterrichtsinteraktionen zwischen Lehrkraft und Schüler dienen, womit die Lehrkraft den Schüler beim kognitiv anspruchsvollen Lernsetting sprachbezogen entlasten kann.

Auch wir bedienen uns beim Schreiben dieses Buches der Bildungssprache, weil wir a) keine andere Wahl haben, um das Gemeinte präziser auszudrücken, b) wir möglichst unabhängig des außersprachlichen Kontextes verstanden werden müssen, und c) schließlich – wie viele andere auch – beruflich so sozialisiert sind. Wir hoffen, dass es uns trotzdem gelingt, eine gute Mischung und Dosierung zwischen Alltags-, Fach- und Bildungssprache hinzubekommen.

Wichtige Aussagen des Kapitels in aller Kürze:

✔ Sprache ist eine schulische Angelegenheit, die zwar weitgehend beiläufig in natürlichen Lebenskontexten erworben wird, aber auch eines systematischen Zugangs bedarf, sofern Bildungsstandards erreicht werden sollen.

✔ Sprachfähigkeiten beziehen sich auf unterschiedliche Sprachformen der Schule (Alltags-, Bildungs- und Fachsprache). Dies erfordert einen differenzierten Umgang mit Sprache im Kontext der Schule.

✔ Wenn Schüler Schwierigkeiten im Umgang mit den schulsprachlichen Registern haben, setzt Sprachförderung mit entsprechenden Mitteln an.

✔ Sprachförderung verfolgt eigene Ziele, die die Ziele des Unterrichts ergänzen. Sie kümmert sich um den Aufbau eines sprachlichen Grundrepertoires und erhöht die Chancen für ein erfolgreiches Sprach- und Fachlernen.

Kapitel 2
Was ist Sprachförderung – und was nicht?

ie Bedeutung der Sprachförderung ergibt sich oft aus der Praxis. Schüler profitieren von einer gut durchdachten und systematisch, konsequent und regelmäßig durchgeführten Sprachförderung. Von einer guten Förderkraft ist zu erwarten, dass sie sich in dieser Handlungsmaßnahme auch theoretisch gut auskennt, das heißt, nicht nur viel kann, sondern auch viel weiß. Im Folgenden erfahren Sie, was die Sprachförderung auszeichnet und wie sie von anderen Konzepten und Maßnahmen abgegrenzt werden kann.

Gestatten: Ires

Ires ist eine leidenschaftliche Sprachförderin (siehe Abbildung 2.1). Sie ist oft mit ihren Baguettes unterwegs (wir erklären später, was das mit den Baguettes auf sich hat). Vielleicht haben Sie sie ja irgendwo schon mal gesehen? Wenn sie nicht radelt, dann ist sie in der Förderung. Na ja, fast immer.

Abbildung 2.1: Ires, die leidenschaftliche Sprachförderin

Sie versucht, so gut es geht, eine professionelle Sprachförderung anzubieten. Sie hat zwar keine Ausbildung gemacht (gibt's die überhaupt?), aber sie hat ganz viele Kurse und Seminare besucht: zu DaZ, zu Fördermaßnahmen, dazu, wie man die Sprachstände ermitteln kann, welche Sprachstandsermittlungsverfahren (Oh Gott, was für ein schönes deutsches Wort! Die ganze Information in einem Wort!) es gibt und so weiter.

Einige Dinge wusste sie schon aus ihrem Studium über Kommunikationsdesign. Sprache war dort ein ganz großes Thema, aber auch, wie man mit Sprache kreativ umgehen und was man alles auch ohne Sprache übermitteln kann. Vieles hat sie sich selbst angeeignet. Die Seminare, die sie besucht hat, haben ihr viele Anstöße gegeben, um sich weiterzuentwickeln. Da war mal eine Dozentin, die gesagt hatte, dass jeder Sprachliebhaber, sofern die pädagogische Arbeit mit Kindern Spaß macht, eigentlich sprachfördern kann. Man müsse nur auf ein paar Dinge achten. Ich, sagte sie zu sich selbst, bin dazu in der Lage! Ich arbeite gerne in der Schule. Es freut mich, die Entwicklung der Kinder mitzuverfolgen. Natürlich gibt es Tage, an denen ich gestresst und erschöpft bin oder mal keine Lust habe, aber wo ist es denn nicht so?

Jedenfalls arbeitet Ires schon seit knapp acht Jahren als Förderkraft an einer Grundschule und findet den Job jeden Tag aufs Neue voller Überraschungen. Sie freut sich, täglich in die strahlenden Augen der Kinder zu sehen, sie eine Zeit lang in ihrer Lernentwicklung zu begleiten, vielleicht auch von ihnen zu lernen (sie hat da ein paar Mal sogar tamilische und tadschikische Wörter aufgeschnappt, gut für die Fitness des Gehirns). Sie freut sich, wenn die Kinder Fortschritte machen, aber vor allem, wenn sie sieht, wie sie sich anstrengen, mitzumachen.

Kommen wir nun zur Sache: Ires wird uns durch das Buch begleiten und ab und zu das Wort übernehmen, denn sie kennt sich in der Praxis aus und kann uns helfen, so einiges praktisch zu verstehen. Sie kann uns auch Tipps geben, wie wir unsere eigenen Erfahrungslücken schließen können. Manchmal hatte sie das Gefühl, dass nicht alle Tipps aus den Seminaren in der Praxis funktionieren, und manchmal das Gefühl, dass in der Praxis zu wenig auf die wissenschaftlichen Erkenntnisse geachtet wird, und dass manchmal, leider, einfach ohne jegliches Verständnis oder Wissen gehandelt wird. Sie hofft damit, viele Leser zu erreichen, die – ähnlich wie sie – einerseits über mittlerweile verinnerlichte Handlungen regelmäßig reflektieren wollen, und andererseits neue Erkenntnisse aus der pädagogischen und didaktischen Forschung in der eigenen Praxis ausprobieren möchten.

Dann lasst uns mal starten …

Eine allgemeine Definition

Bisher erläuterten wir, was Sprachförderung begründet. Warum ist es wichtig, nicht nur zu unterrichten, sondern auch zu fördern? Von einer puren Vermittlung und Übung sprachlicher Fertigkeiten profitieren nur die wenigsten. Eine Förderung muss ansetzen, wann immer es in Lernprozessen (und das kommt sehr häufig vor) zu besonderen Schwierigkeiten kommt. Die Sprachförderung erzielt eine nachhaltige Verbesserung sprachlicher Schwierigkeiten, die situativ oder dauerhaft auftreten können. Manche Schwierigkeiten sind hartnäckiger, andere lassen sich leichter beheben. Bevor wir fortschreiten, halten wir doch fest, was man unter Sprachförderung versteht.

 »Unter **Sprachförderung** werden [...] pädagogische Tätigkeiten der gezielten Anregung und Begleitung bei der Entwicklung von Sprache generell oder einer speziellen sprachlichen Fähigkeit verstanden« Quelle: Roos, J. & Sachse, S. (2018): Sprachliche Bildung und Förderung in Kindertageseinrichtungen. In: Kracke, B./Noack, P. (Hrsg.): Handbuch Entwicklungs-und Erziehungspsychologie. Heidelberg: Springer, S. 49–68.

Ires fand es manchmal schon langweilig, sich mit abstrakten Themen zu beschäftigen und schmunzelte über Dozenten, die immer sofort erst mal definierten.

Nun gut … Wir können es nicht umgehen (Fällt Ihnen auf, dass Sie das letzte Wort in diesem Satz intuitiv auf der zweiten Silbe betonen? Zur Rolle der Sprachbewusstheit der Förderkraft siehe Kapitel 7).

Sprachförderung ist die allgemeine Bezeichnung für pädagogische Interventionsmaßnahmen, die die Sprache als Lerngegenstand fokussieren, weil eine Verzögerung in der Sprachentwicklung angenommen wird. Liegt ein begründeter Anlass vor, dann ist das ein Fall für die Förderkraft (für dich, mich, uns, Ires und alle anderen, die sich gerne als Förderkräfte identifizieren).

Die Tätigkeit der Sprachförderung bezieht sich entweder stärker auf basale (allgemeine) oder stärker auf spezifische sprachliche Fähigkeiten. Die allgemeinen Sprachkompetenzen behandeln wir im Teil II. Mit den spezifischen sprachlichen Fähigkeiten ist gemeint, dass gezielt Bereiche des sprachlichen Könnens ausgewählt und gefördert werden. Das können beispielsweise Fähigkeiten in Bezug auf das Lesenlernen (Leseflüssigkeit steigern, Textverstehen verbessern) oder die Rechtschreibung sein. Letzteres haben wir bereits weiter vorn im Rahmen einer bildungssprachlichen Förderung kurz thematisiert (siehe Abschnitt Sprache ist bildungsrelevant). Die KMK legt den Schwerpunkt der bildungssprachlichen Förderung auf das Erlernen der Kulturtechniken, was wir für unser Buch beibehalten, obwohl da vielleicht noch einiges zu diskutieren wäre (zum Beispiel, dass die Bildungssprache nicht nur relevant ist für das Erlernen der Kulturtechniken, sondern eigentlich auch für die allgemeinen Sprachkompetenzen).

Werfen wir doch einen Blick in weitere Definitionen von Sprachförderung. Die KMK (2022) definiert Sprachförderung folgendermaßen:

> Sprachförderung bezeichnet in Abgrenzung zur sprachlichen Bildung gezielte Fördermaßnahmen, die sich insbesondere an Kinder und Jugendliche mit besonderen Schwierigkeiten oder Entwicklungsverzögerungen richten, die diagnostisch ermittelt wurden. Die Maßnahmen können in der Schule unterrichtsintegriert oder additiv erfolgen. Sprachförderung ist häufig ausgerichtet auf bestimmte Adressatengruppen und basiert auf spezifischen sprachdidaktischen Konzepten und Ansätzen, die den besonderen Förderbedarf berücksichtigen [...]. Sprachförderung erfolgt oftmals in der Kleingruppe, aber nicht zwingend, und hat kompensatorische Ziele.

Fassen wir die Aussagen der KMK über die Sprachförderung zusammen und erläutern sie:

✔ Es gibt einen Unterschied zwischen den Begriffen Sprachförderung und Sprachbildung.

Sprachbildung ist ein Unterrichtskonzept, das in der Vorbereitung des Unterrichts als Kernaufgabe aller Fächer mitberücksichtigt werden sollte. Mehr dazu im nächsten Abschnitt (siehe Verwandte Konzepte).

✔ Der Anlass für Sprachförderung ergibt sich in der Regel aus einer diagnostizierten Lernschwierigkeit oder Entwicklungsverzögerung im Bereich der Sprachentwicklung.

Wird vermutet, dass ein Schüler einer systematischen Sprachförderung bedarf, sollte der Vermutung als zweiter Schritt eine Diagnose anschließen. Lehrkräfte oder andere Bezugspersonen sind zwar dazu in der Lage, Auffälligkeiten angemessen zu deuten und zu merken, wenn die Entwicklung ein wenig holprig ist, allerdings ist das nur der Anfang, der ja streng genommen aus einer subjektiven, nicht systematischen Beobachtung hervorgeht. Die Diagnose hat dann a) die Funktion, die Vermutungen bzw. die subjektive Beobachtung zu bestätigen (oder auch zu widerlegen), und b) die Aufgabe, eine Art Wegweiser für die Förderplanung zu sein. Hat sich die Vermutung unter objektiven Testbedingungen (voll oder teilweise) bestätigt, müssen auf Grundlage umfassender Beobachtungen Unterstützungsmaßnahmen (unter anderem Übungen, aber auch Settings) geplant und durchgeführt werden. Mehr dazu in Teil III.

✔ Es gibt zwei Vorgehensweisen, wie Sprachförderung durchgeführt werden kann: integriert und additiv.

Ersteres wird noch einmal in alltagsintegriert und in fachintegriert unterschieden. Die additive Vorgehensweise bietet eine ergänzende Form; sie findet jedoch außerhalb des Regelunterrichts für ausgewählte Kinder statt, Themen werden meist koordiniert. Mehr dazu im folgenden Kapitel.

✔ Sprachförderung findet individuell oder in der Kleingruppe statt.

Sprachförderung ist eine pädagogisch-didaktische Angelegenheit, die einzelne Schüler (also Personen, bei denen ein Förderbedarf festgestellt wurde) betrifft. Insofern richtet sie sich nicht an die gesamte Klasse oder Klassenstufe. Individuelle Potenziale und Schwierigkeiten werden in kleinen Formaten besser sichtbar als in größeren Formaten.

Nun … parken wir diese Gedanken erst einmal hier. Wir kommen einzeln auf sie zurück und besprechen sie ausführlich.

 Der Sprachförderung liegt ein systematisches Konzept zugrunde, das einen pädagogisch sinnvollen Umgang mit sprachlichen Schwierigkeiten in bildungsbezogenen Lernkontexten erlaubt. Sie umfasst Handlungen der Lehr- oder Erziehungsperson, die darauf ausgerichtet sind, die sprachliche Entwicklung eines Kindes auf definierte Ziele hin zu unterstützen. Diese Ziele werden von den Lehrpersonen in Bezug auf die sprachlichen Entwicklungsmeilensteine definiert.

Additiv oder integrativ?

Das Hauptziel der Sprachförderung ist, die Sprachschwierigkeiten auszubalancieren. Es gibt nicht unendlich viele Vorgehensweisen, die man wählen kann, aber durchaus mehrere Praktiken sprachförderlichen Handelns, um die Schwierigkeiten so abzumindern, dass ein relativ entspanntes Lernen im Unterricht und zu Hause möglich wird (siehe Abbildung 2.2).

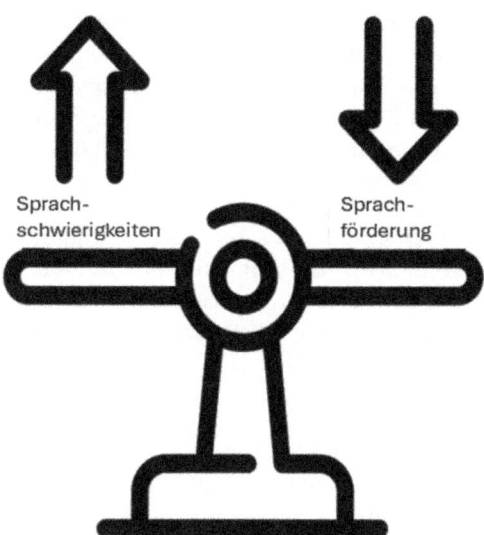

Abbildung 2.2: Sprachförderung kompensiert Sprachschwierigkeiten

Es gibt prinzipiell zwei Vorgehensweisen, Sprachförderung institutionell zu organisieren: additiv oder integriert. Beide Formen erfordern eine konzeptuelle Arbeit an der Planung, Durchführung und Evaluation der Sprachfördertätigkeit und können kombiniert oder einzeln angeboten werden. In beiden Fällen soll darauf geachtet werden, anzugeben, was genau wie gefördert werden soll sowie ob durchgeführte Maßnahmen auch tatsächlich Wirkungen erzielen konnten.

Eine **additive** Sprachförderung findet außerhalb des Unterrichts oder der regelmäßigen Lerngruppe statt. Es handelt sich also um eine zusätzliche, ergänzende Maßnahme. Kinder, die eine additive Sprachförderung besuchen, tun dies am frühen Morgen vor dem

Kindergarten oder am Nachmittag nach der Schule oder werden aus der Gruppe für eine bestimmte Zeit herausgeholt, um die Sprachförderung parallel zu besuchen. Die Gründe und Voraussetzungen, die für diese Form der Sprachförderung sprechen, können verschieden sein. Man könnte sie folgendermaßen zusammenfassen:

✔ Finanzielle und personelle Voraussetzungen

- Es gibt genug Personal, das die Sprachförderung additiv durchführen kann.

- Monetäre Ressourcen sind vorhanden.

- Das Personal ist für die Durchführung der Sprachförderung qualifiziert.

✔ Pädagogische Gründe

- Das Kind hat (teilweise erhebliche) Sprachschwierigkeiten und kann dem Unterricht nicht folgen. Grundkompetenzen im Verstehen und in der Nutzung der Unterrichtssprache sollen aufgebaut werden.

- Mehrere Kinder aus einer Klasse oder einem Jahrgang haben erhebliche Sprachschwierigkeiten und sollen in der Kleingruppe unterstützt werden, damit sie ein grundlegendes Sprachniveau erreichen und somit dem Unterricht besser folgen können. In der Kleingruppe kann die Förderkraft das Sprachniveau des Einzelnen berücksichtigen. Für die Kleingruppe spricht auch, dass sich die Sprachförderarbeit auf die Interaktion zwischen Kindern (und nicht nur zwischen Förderkraft und Kind) stützen kann.

- Die Wahrscheinlichkeit, dass die Sprachschwierigkeiten kurz- und mittelfristig kompensiert werden können, ist hoch. Es herrscht sonst eine freundschaftliche und kooperative Kultur in der Klassengemeinschaft, sodass es absehbar ist, dass es in der Gruppe nicht zum Ausschließen der additiv geförderten Kinder kommt.

✔ Didaktische Gründe

- Die Lehrkraft setzt im Unterricht andere Schwerpunkte, die möglicherweise die Bedarfe mancher Kinder in Sprachförderung nicht gut abdecken. Sowohl sie als auch die Kinder profitieren stärker von einer additiven Form, zumal die Lehrkraft mit der Förderkraft inhaltlich wie zeitlich gut koordinieren kann.

- Die Schule achtet auf eine Gleichverteilung der Stärken ihrer Mitarbeiter und verteilt die Bedarfe auf qualifiziertes Personal entsprechend seinen Qualifizierungen und Stärken. Es ist einfach nicht so, dass Lehrkräfte grundsätzlich für die Sprachförderung qualifiziert sind, oder Förderkräfte Unterricht übernehmen können. Im Notfall geht meistens ziemlich viel, aber wir befassen uns mit dem Regelfall, nicht mit dem Notfall.

Sprachförderung ist prinzipiell eine gemeinnützige Sache und lässt ökonomische (kommerzielle) Aspekte erst einmal außen vor. Sie sollte aber an die ökonomischen Aspekte im Sinne einer Effizienz beim Lernen (kognitiv anspruchsvoll, motivierend, zielgerichtet) denken.

Um Ihnen ein paar Eindrücke aus der Praxis zu geben, hören wir Ires zu. Vielleicht sind Ihre Erfahrungen ähnlich.

In der Schule, in der ich schon länger tätig bin, wird die Sprachförderung sehr professionell organisiert. Sowohl Schulleitung als auch Lehrkräfte sind super engagiert. Sie fragen sich gelegentlich, wie sie das alles schaffen, aber sie schaffen es trotzdem. Es sind ja bekanntlich nicht nur Sprachförderstunden zu bearbeiten, sondern auch Krankheitsfälle, Vertretungen, enges Personal, außerschulische Veranstaltungen, Meetings und und und …

Es gibt noch eine pädagogische Fachkraft wie mich, die aber den Schwerpunkt Lerntherapie hat. Eine andere Baustelle. Wir tauschen uns oft aus und ergänzen uns fachlich sehr gut. Eine nette Person, genauso wie die anderen an der Schule.

Okay, okay, ich komme schon zur Sache.

An der Schule wurde vor einigen Jahren ein Sprachförderkonzept entwickelt, das teilweise Empfehlungen der KMK und teilweise die des Landes aufgreift. Es wurde notwendigerweise durch weitere Prinzipien und Handlungsvorschläge ergänzt, die mit Erfahrungen des Schulpersonals und der schulspezifischen Strukturen bestückt waren.

Dieses Sprachförderkonzept ist die Grundlage für die Sprachförderarbeit an der Schule. Nicht alle Schulen verfügen über so ein sorgfältig erarbeitetes Konzept, doch erleichtert es uns die Arbeit enorm.

In diesem Sprachförderkonzept ist unter anderem festgehalten, in welcher Weise die Sprachförderung durchgeführt werden kann. Da wir eine relativ überschaubare Schule sind und genug (internes und externes) (engagiertes!) Personal sowie Budget zur Verfügung haben, entwickeln wir fortlaufend und regelmäßig Angebote für Sprachfördermaßnahmen. Sie sind manchmal in den Unterricht integriert, manchmal additiv.

In unseren regelmäßigen Meetings wägen wir gut ab, welche Vorgehensweise für die Sprachförderarbeit sinnvoll ist. Natürlich haben sich manche Formen über die Jahre bewährt und sind inzwischen gut etabliert. Doch wechselt einmal das Personal, muss aufs Neue geprüft werden, welche Qualifizierungen, Fähigkeiten und schließlich Charaktereigenschaften die neue Person mitbringt. Für eine funktionierende Organisation hilft es zu wissen, welche persönlichen und beruflichen Erfahrungen die künftige Förderkraft mitbringt. Ich habe am Anfang meiner Karriere eher die Kleingruppenförderung im Klassenzimmer bevorzugt, weil ich so die Kinder und den Job besser kennenlernen konnte. Da muss ich aber sagen, dass auch die Lehrkraft diese Art Förderung bevorzugte und mir »Raum« dafür gab, um in der Klassengemeinschaft zu fördern. Das setzt natürlich eine gewisse Kultur, Haltung und Selbstüberzeugung voraus.

So oder so, grundsätzlich sollte die Entscheidung über die Form der Sprachförderarbeit nie allein gefällt werden. Mit allein meine ich, ohne Berücksichtigung der Meinungen und Empfindungen der Kinder, ohne die Erfahrungen und Kompetenzen der Lehrkräfte und ohne die schulstrukturellen Gegebenheiten. So gesehen, besitzt eine gute Förderkraft auch gute Kommunikations- und Managementfähigkeiten, um die Kooperation zwischen Beteiligten zu meistern.

Eine **integrierte** Sprachförderung findet im Unterricht oder in der regelmäßigen Lerngruppe statt. Es handelt sich also um eine Maßnahme, die Elemente der Sprachförderung in den Unterrichtsalltag einbindet. Kinder, die eine integrierte Sprachförderung genießen, tun dies während des Unterrichts- oder Kitaalltags. Die Gründe und Voraussetzungen, die für eine integrierte Form sprechen, sind ebenfalls verschieden. Man könnte sie folgendermaßen zusammenfassen:

✔ Finanzielle und personelle Voraussetzungen

- Wenn finanzielle und personelle Ressourcen für eine additive Form nicht gegeben sind, macht eine Integration auch finanziell Sinn.

- Es gibt qualifizierte Lehrkräfte, die sich darin auskennen, sprachförderliche Elemente in den eigenen Unterricht einzubauen.

✔ Pädagogische Gründe

- Es gibt in der Klasse Kinder, die keine bis leichte Sprachschwierigkeiten haben. Der normale Unterrichtsverlauf kann beibehalten werden. Die Lehrkraft (bei Doppelsteckung gegebenenfalls auch die Förderkraft) bietet dem Kind sprachförderlich aufbereitetes Material an und passt den Sprachinput den Bedürfnissen des Kindes an.

- Die Kinder können sich mit einem entsprechenden Unterrichtssetting gegenseitig helfen, sodass sie nicht unbedingt auf die Anwesenheit einer Förderkraft angewiesen sind.

- Die Lehrkraft (und bei Doppelsteckung auch die Förderkraft) ist davon überzeugt, dass sich inklusive Unterrichtsaktivitäten positiv auf das Selbstkonzept und Wohlbefinden der Kinder auswirken.

✔ Didaktische Gründe

- Lehrkräfte sind dazu in der Lage, zu erkennen, dass Sprachbildung und Sprachförderung sich gegenseitig bedingen und dass man in allen Fächern prinzipiell sprachfördern kann.

- Die Schule bietet Chancen und Räume für die berufliche Weiterbildung und schätzt und fördert das Engagement ihrer Mitarbeiter zum Thema sprachförderlicher (Fach-)Unterricht.

Integration ist selbstverständlich keine Entscheidung, die aus der Not heraus gefällt wird. Fehlendes Personal oder Geld sind keine guten Gründe für die integrierte Form, wohl aber die kompetenzbezogenen Ressourcen des Personals. Investitionen der Lehrkräfte in die Professionalisierung und Unterrichtsentwicklung seitens der Schulleitung bzw. Schulkultur bilden gute Voraussetzungen für sprachförderliches Handeln und sprachbildenden Unterricht.

Im Rahmen des Lehramtsstudiums werden Themen der Sprachförderung von den meisten Universitäten angeboten oder sind in den sprachlichen Fächern meist Teil der Pflichtmodule. Allerdings kann nicht davon ausgegangen werden, dass alle angehenden Lehrkräfte Wissen und Erfahrungen in Sprachförderung haben. Denken Sie an Fächer wie Sport, Sachunterricht, Religion oder Musik. Leider ist nicht an allen Universitäten Sprachförderung Teil des Lehramtsstudiums der nichtsprachlichen Fächer. Die Rolle der Sprache sowie die Möglichkeiten der Sprachförderung im Fach sind (noch) Sache des persönlichen Interesses und der professionellen Überzeugungen der einzelnen Lehrkraft, die sich durch freiwillige Besuche von Fort- und/oder Weiterbildungsmaßnahmen qualifiziert.

 Egal, ob man additiv oder integriert fördert, beide Formen haben ihre Vorteile und Herausforderungen. Es gibt außerdem kaum Schulen, in denen rein das eine oder das andere Setting angeboten wird. Die meisten Schulen führen die Sprachförderung kombiniert durch.

Es ist sinnvoll, wenn man zuerst die Gegebenheiten der Schule und des Personals sowie die Bedarfe der Kinder durchcheckt. Gibt es eine Förderkraft an der Schule? Gibt es Lehrkräfte, die Sprachförderung prinzipiell oder aus gegebenem Anlass zum Grundsatz ihrer Unterrichtstätigkeit machen? Soll ein Kind intensiver gefördert werden als das andere? Wird das Kind auch außerhalb der Schule gefördert? Wenn ja, wie? Kommt eine Kombination der Formen infrage? Wie viel Zeit steht uns zur Verfügung? Das sind Fragen, die mir und meinen Kollegen helfen und an denen wir uns orientieren, um individuelle Bedarfe (Kind, Lehrkraft, Schulleitung) zu beachten.

Sowohl der additiven als auch der integrierten Sprachförderung liegt in der Regel ein Sprachförderkonzept zugrunde. Darin wird festgehalten, auf welches theoretische Verständnis von Lernen und Sprachentwicklung die Sprachförderung fußt und wie sie genau durchgeführt und evaluiert wird.

Was ist ein Sprachförderkonzept?

Ein Sprachförderkonzept ist ein strukturiertes und systematisches Programm bzw. ein Leitfaden, worin explizit beschrieben wird, wie die Sprachförderung genau organisiert wird und welche Prinzipien bei der Organisation und Durchführung zu beachten sind. Es wird häufig in Bildungseinrichtungen wie Kindergärten, Schulen oder Sprachzentren eingesetzt und gibt eine erste Orientierung für die mit Sprachförderung beauftragten Personen.

Ein Sprachförderkonzept beinhaltet neben theoretischen Aspekten zum pädagogischen Ansatz (zum Beispiel konstruktivistisches Verständnis von Lernen) und zum Spracherwerb (Individualität, Mehrsprachigkeit, Sprachentwicklungsstörungen, verschiedene Erwerbsbedingungen) auch verschiedene Methoden, Materialien und Aktivitäten, durch die (vorwiegend mündliche) Sprachkompetenzen wie zum Beispiel im Bereich

Wortschatz, Grammatik, Aussprache, Sprachverständnis und Ausdrucksfähigkeit gestärkt werden können.

Mit dem Konzept trifft die Institution unter anderem Aussagen darüber,

1. dass und wie der aktuelle Sprachstand des Kindes zu ermitteln ist,

2. dass Ziele definiert werden und wie diese erreicht werden sollen,

3. welche Methoden und Materialien zur Auswahl stehen bzw. im Bestand der Schule sind,

4. ob und welche Sprachfördermaßnahmen in der Schule in welcher Form umgesetzt werden können (integriert, additiv oder kombiniert, über Projekte, Spiele etc.),

5. ob und wie die Progression und die Wirksamkeit der durchgeführten Maßnahmen überprüft werden,

6. auf welcher Grundlage die Förderstunden formell zugewiesen werden

7. und wie die Sprachförderung dokumentiert wird.

Da es nicht *die* optimale Sprachförderung gibt, sondern vielmehr Prinzipien für eine gelungene Sprachförderung, und da die erfolgreiche Umsetzung der Prinzipien immer auch mit örtlichen und personellen Gegebenheiten zusammenhängt, ist in der Konzeptentwicklung auf eine laufende Optimierung und Anpassung der Sprachfördertätigkeiten zu achten. Schließlich ist das Sprachförderkonzept ein KONZEPT, das zwar den Entwicklungsprozess der Schule visualisiert, schließlich aber laufend angepasst, das heißt verändert werden muss.

Verwandte Konzepte

Wenn man an Sprachförderung denkt, ploppen auch gleichzeitig Konzepte auf, die mit ihr irgendwie verknüpft sind. Das sind Sprachbildung, Sprachtherapie und Spracherziehung (siehe Abbildung 2.3).

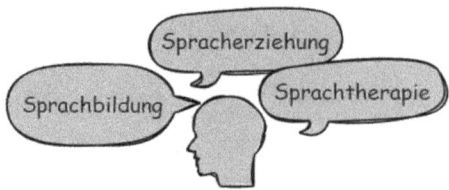

Abbildung 2.3: Verwandte Konzepte zur Sprachförderung

Sprachbildung

Den Begriff Sprachbildung haben wir bereits an einigen Stellen verwendet. Wenn Sie diese Stellen gelesen haben, müsste deutlich geworden sein, dass Sprachbildung eine allgemeindidaktische Angelegenheit ist und den allgemeinen Bildungszielen zuzuordnen ist.

 »Sprachliche Bildung im Kindergarten bedient sich einer kommunikativen Didaktik, weil sie auf die sprachliche Selbstbildungskraft des Kindes vertraut und ihre Hauptaufgabe darin sieht, dieser Selbstbildungskraft Gelegenheiten zur Betätigung zu bieten« (Reich, 2008, S. 34).

Die Sprachbildung stellt einen Grundsatz der pädagogisch-didaktischen Ausrichtung des Unterrichts dar und richtet sich an alle Schülerinnen und Schüler. Sie ist in der Regel Teil der Unterrichtsplanung und -durchführung. Ziel der Sprachbildung ist, dass alle Schülerinnen und Schüler mit den Besonderheiten der Bildungssprache und der Fachsprache so vertraut sind, dass in den schulischen Fächern eine systematische Aneignung des Fachwissens begünstigt wird. Fließt die Sprachbildung als Ansatz (wie beispielsweise beim Ansatz der durchgängigen Sprachbildung) mit in die Unterrichtsplanung ein, hat das im Gegensatz zur Sprachförderung eher eine präventive Funktion. Im Beschluss der Kultusministerkonferenz vom 05.12.2019 steht dazu, dass

sprachliche Bildung Querschnittsaufgabe aller an schulischer Bildung Beteiligten und durchgängiges Unterrichtsprinzip in allen Fächern, Lernbereichen und Lernfeldern ist (KMK 2019, S. 4).

Sprachtherapie

Sprachtherapie betrifft zwar auch einzelne Schülerinnen und Schüler, ist aber eine medizinisch begründete Interventionsmaßnahme, bei der zum Beispiel Störungen der Stimm- und Sprechfunktionen behandelt werden. Sie wird mit ärztlicher Anordnung in der Regel von Logopädinnen und Logopäden durchgeführt.

Spracherziehung

Die Spracherziehung ist letztlich ein Erziehungsprinzip, das als die Gesamtheit aller erzieherischen Aktivitäten im sprachlichen Bereich vorwiegend Eltern im familiären Umfeld einschließt. Man kann die Spracherziehung als die praktische Seite des sprachförderlichen Handelns und somit auch als ein Teilziel der Sprachförderung verstehen. Die Spracherziehung umfasst auch soziale bzw. kulturelle Aspekte des Sprachgebrauchs (zum Beispiel Begrüßung und Verabschiedung von Gästen oder höfliche Umgangsformen usw.).

Das unterrichtliche und elterliche sprachförderliche Handeln hat je einen unterschiedlichen Einfluss auf die Sprachentwicklung des Kindes, aber allerdings auch einen gemeinsamen Nenner: die Sprache. Ob man sie »erzieht«, »therapiert«, »bildet« oder »fördert« ist unter anderem eine Frage der Zielgerichtetheit, der Systematizität, des Settings. In der Sache und ihrer Zielsetzung sind sie aber ähnlich. Insofern verfolgen Spracherziehung, Sprachbildung, Sprachförderung und Sprachtherapie ein ähnliches Ziel. Sie schließen sich nicht gegenseitig aus, sie lassen sich aber unterschiedlich begründen. Warum therapeutische Maßnahmen notwendig und sinnvoll sind, ist medizinisch begründet. Warum erzieherisch so gehandelt wird, kann Ihnen vielleicht ein Elternteil erklären. Eine Lehrkraft, die die Sprachbildung als Leitziel in das Zentrum ihres Unterrichts rückt, begründet dies aus einer pädagogisch-didaktischen sowie wissenschaftlichen Perspektive. Warum eine Sprachförderung notwendig und sinnvoll ist, resultiert aus der Konfrontation der individuellen Sprachfähigkeiten mit aktuellen oder künftigen institutionellen Anforderungen und Erwartungen und ist eine Schlussfolgerung der Fachkraft, die sich mit dem sprachlichen Entwicklungsverlauf der Kinder und Jugendlichen unter normalen und besonderen Bedingungen, den allgemeinen, sprachlichen Anforderungen in Bildungskontexten und der Ermittlung des Sprachstands des Kindes bzw. des Jugendlichen auskennt. Über eine Sprachtherapie entscheiden ärztliche und psychologische Gutachten.

Sprachförderung enthält das Verb *fördern*, das seit dem Althochdeutschen mit verschiedenen Bedeutungsnuancen gebraucht wird. Im Grunde genommen bedeutet es »jemanden voranbringen, beschleunigen oder vorwärts schaffen«. Je nach theoretischem Verständnis von Lernen unterstützt die Förderkraft den Schüler so, dass er in bestimmten Lernangelegenheiten sich selbst mithilfe des Engagements der Förderkraft voranbringen kann. Die Förderkraft konstruiert aber zugleich passende Lernkontexte, damit der Schüler aus dem Lernarrangement den größtmöglichen Nutzen für seine Entwicklung ziehen kann und so seine Defizite erkennen, abbauen und gleichzeitig seine Stärken reflektieren kann. Sprachförderung ist also die Schaffung von begünstigenden Lernkontexten, von denen der Schüler mit seinen individuellen Eigenschaften bestmöglich profitieren kann.

Auf bildungspolitischer Ebene

Für die Sprachförderung werden in vielen Ländern schulrechtliche sowie finanzielle Grundlagen geschaffen. Es werden staatliche und landesspezifische (meist finanzielle) Ressourcen zur Verfügung gestellt.

In der Kita

Der Besuch der Kita hat sich als vorteilhaft für die Sprachentwicklung der Kinder erwiesen. Der Bund und die Bundesländer verfügen über Programme zur institutionellen Sprachförderung. Beispielsweise fördert Hessen den Kitabesuch sowohl finanziell als auch strukturell. Kinder ab 3 Jahren dürfen die Kita kostenfrei besuchen. So wird sichergestellt, dass alle Kinder, unabhängig von den finanziellen Ressourcen oder prioritären Ausgaben ihrer Familien, die Möglichkeit haben, die Kita zu besuchen und vor der Einschulung ihre Sprachkompetenz zu entwickeln.

Die alltagsintegrierte Sprachförderung erweist sich unter der Anleitung gut qualifizierter Erzieherinnen als besonders effektiv. Aktivitäten wie Morgen- und Singkreise, Rollenspiele, Theateraufführungen oder das gemeinsame Betrachten von Bilderbüchern schaffen eine natürliche Umgebung, in der Sprache erlernt und geübt werden kann. Diese Formen der

Sprachförderung stärken wichtige Vorläuferfähigkeiten, die für das Schreiben- und Lesen-lernen notwendig sind.

Auch Strategien wie das begleitende Sprechen während Bastelaktionen, am Mittagstisch oder während Bewegungsstunden im Freien sind sprachförderlich. In authentischen Kommunikationssituationen werden Wortschatz, Grammatik und Aussprache gefördert, sodass Kinder den authentischen Sprachgebrauch erlernen. Zusätzlich unterstützen Bund und Länder die Forschung zur Sprachförderung, fördern Transferprojekte zur Vernetzung von Wissenschaft und Praxis und bieten vielfältige Professionalisierungsangebote an.

Fassen wir kurz zusammen:

✔ Es liegen empirische Evidenzen vor, dass der Besuch der Kita sich positiv auf die Sprachkompetenz auswirkt.

✔ Die Bildungspolitik setzt sich für den frühen Besuch von Kita ein und möchte diesen von den finanziellen Ressourcen und Möglichkeiten der Familie entkoppeln.

✔ An Kitas wird vorwiegend alltagsintegriert, also in authentischen Kommunikationssituationen gefördert.

In der Schule

Es gibt verschiedene Sprachförderangebote, die gezielt auf den Schuleintritt sowie -übergang vorbereiten. In Bayern wird ein Vorkurs Deutsch angeboten, während Hessen einen sogenannten Vorlaufkurs bereitstellt, der ebenfalls als Vorbereitung auf die Einschulung dient. Auch das Hamburger Modell zählt zu den erfolgreichen Initiativen zur Verbesserung der Sprachfördersituation an Schulen. Weitere verbreitete Formen der Unterstützung sind additive Förderkurse, Sprachförderunterricht, Intensivklassen und DaZ-Unterricht, die je nach regionaler Organisation variieren.

Im Zuge der Inklusion besuchen Kinder mit Sprachförderbedarf vornehmlich die Regelklasse. Es besteht aber auch die Möglichkeit, flexible Klassen zu besuchen. In der flexiblen Schuleingangsphase (Flex) besuchen Kinder eine jahrgangsübergreifende Klasse. Dort werden die Kenntnisse und Fertigkeiten der ersten und zweiten Klassen vermittelt. Die Schüler können zwischen einem und maximal drei Jahren dort verweilen. So können sie im eigenen Tempo lernen und dennoch in ihrer Klassengemeinschaft bleiben, auch wenn sie mit dem Lernstoff langsamer vorankommen. Zusätzlich bietet beispielsweise Hessen eine sogenannte Vorklasse an, in der die Schüler sich ein Jahr lang auf die erste Grundschulklasse vorbereiten können. In die Vorklassen sind meist auch sprachförderliche Maßnahmen eingeschlossen.

Auch in der weiterführenden Schule stehen Möglichkeiten der Sprachförderung zur Verfügung. Da die Schüler jedoch älter sind, konzentrieren sich die Angebote eher auf spezifische Aspekte wie Lese- und Rechtschreibförderung oder auf den DaZ-Bereich für neu zugewanderte Schülerinnen und Schüler. Solche Programme unterstützen sie dabei, ihre Sprachkompetenzen zu vertiefen und etwaige Defizite in der Schriftsprache und im mündlichen Sprachgebrauch auszugleichen.

Fassen wir kurz zusammen:

✔ Im Vergleich zur Kita gibt es im Schulbereich nur wenige Studien, die die Wirkungen von Sprachförderung untersuchen.

✔ Es liegen verschiedene Beschulungsmodelle vor, die Sprachförderung inkludieren. Angebote variieren landesspezifisch.

✔ Schulische Förderangebote sind teilweise additiv und teilweise integriert.

 2012 starteten Bund und Länder die gemeinsame Initiative »Bildung durch Sprache und Schrift« (BiSS), die seit 2019 im Rahmen der Folgeinitiative »BiSS-Transfer« fortgeführt wird.

Die gemeinsame Arbeit des Bundesministeriums für Bildung und Forschung (BMBF) und der Kultusministerkonferenz (KMK) hat zum Ziel, Kooperationen zwischen Wissenschaft und Praxis zu stärken. Sie unterstützt mit den Transferprojekten den Austausch und die Zusammenarbeit zwischen Wissenschaft und Institutionen wie Kitas und Schulen. Im Fokus stehen Konzepte zur Sprachbildung, Leseförderung sowie Schreibförderung. Bundesweit nehmen bis zu 2 700 Schulen und Kitas an den Projekten teil.

Die Initiative unterstützt Kitas und Schulen mit einem breiten Angebot, wie zum Beispiel Blended-Learning-Fortbildungen, Handreichungen und Leitfäden sowie die Stärkung von Netzwerken aus Wissenschaft und Praxis.

Aus der Kooperation entstand außerdem eine Tool-Datenbank, in der mehr als 100 Tools zu Diagnostik, Förderung und Professionalisierung dokumentiert sind. Interessierten empfehlen wir, folgende Website zu besuchen:

Tool-Datenbank Förderkonzepte, DiagnoseTool-Dokumentation | BiSS-Transfer (biss-sprachbildung.de)

Auf wissenschaftlicher Ebene

Sprachförderung ist ein beliebtes Forschungsthema, dennoch sind viele Fragen im Rahmen der Sprachförderung noch ungeklärt, die bildungspraktische und bildungspolitische Konsequenzen haben.

Sprachförderung ist ein komplexes Thema. Komplex, weil auf der einen Seite bildungswissenschaftliche Interessen nach Antworten verlangen, wie zum Beispiel:

1. Wie können Sprachentwicklungsstände ermittelt werden?

2. Warum entstehen Verzögerungen in der Sprachentwicklung und welche Konsequenzen haben sie für die Bildungslaufbahn?

3. Welche Verzögerungen in der Sprachentwicklung führen zu einer Benachteiligung in der Bildungslaufbahn?

4. Welche Methoden zur Förderung von sprachlichen Kompetenzen sind wirksam und sollen Einzug in die Schule finden?

Auf der anderen Seite stehen vor allem in der Praxis bildungspolitische und -organisatorische Interessen im Fokus. Sie setzen sich mit Fragen auseinander, die Organisation und Praktikabilität betreffen.

Nach der aktuellen Forschungslage können wir sagen, dass Sprachfördermaßnahmen an Kitas und Schulen teilweise wirksam sind. Sie zeigen positive Effekte auf den Spracherwerb, insbesondere bei Kindern mit Migrationshintergrund oder bei Kindern aus bildungsfernen Familien. In der Regel profitieren Kinder sowohl von additiven (kompensatorischen) als auch von alltags- und fachintegrierten Sprachfördermaßnahmen. Besonders wirksam sind Maßnahmen, die gezielt, systematisch und langfristig umgesetzt werden und vor allem bestimmte Qualitätsmerkmale aufweisen.

Die Befundlage ist jedoch noch uneindeutig, wenn es um die Frage geht, nach welcher Methode sprachlich benachteiligte Kinder am besten gefördert werden können. Fest steht, dass es nicht DIE Methode gibt, sondern viele Kriterien zu einer qualitativ hochwertigen Sprachförderung führen, also Erfolgspotenziale zeigen. Alltagsintegrierten Maßnahmen wird für den Kitakontext beispielsweise häufig bescheinigt, dass sie einen effizienten Weg darstellen.

Im BiSS-Transfer werden folgende Kriterien zur Bewertung der Qualität der Sprachfördermaßnahmen genannt.

Effektive Sprachfördermaßnahmen …

✔ … beruhen auf einer wissenschaftlich fundierten Theorie (zum Beispiel allgemeine Lerntheorien, Theorien zum Zweitspracherwerb).

✔ … machen genaue Angaben zur **Durchführung** (Ziel- bzw. Altersgruppe), **durchführenden Person** (pädagogische Fachkraft, Deutsch-/Fachlehrkraft), **Art** des Einsatzes (in Kleingruppen, Einzelförderung) und zum verwendeten **Material**.

✔ … weisen empirische Belege für die Wirksamkeit im Hinblick auf die geförderten Kompetenzen bei den Kindern vor.

Diese Qualitätskriterien beziehen sich im Wesentlichen auf das Medium, mit dem gefördert werden soll. Dessen Erfolg wird aber auch von gut ausgebildeten Fachkräften (Denken Sie an das Zusammenspiel von Wissen, Handeln und Haltung, siehe Kapitel Wer kann am besten unterstützen?) und einer intensiven Einbindung sprachförderlicher Elemente in den Alltag der Kinder mitbestimmt.

Nicht zu unterschätzen sind auch die Wirkungen familiärer Aktivitäten. Ein weiterer wichtiger Befund ist demnach, dass Maßnahmen, die Eltern einbeziehen und sie dabei unterstützen, die sprachliche Entwicklung ihrer Kinder zu fördern, ebenfalls wirksam sind.

Dennoch gibt es Unterschiede in der Wirksamkeit je nach Region und konkreter Umsetzung der Sprachfördermaßnahmen (siehe Bildungsberichterstattung 2024). Ein wichtiger Faktor ist stets die Qualität der Umsetzung, das heißt die Professionalisierung der pädagogischen Fach- und Lehrkräfte ist ein wichtiger zentraler Punkt (Aber Sie sind ja auf dem besten Weg!). Insgesamt wird betont, dass in eine nachhaltige und qualitativ hochwertige Sprachförderung langfristig investiert werden muss, um Chancengleichheit zu fördern.

Sprachförderung ist keine Nachhilfe

Nachhilfe und *Förderung* haben einen starken gemeinsamen Nenner: Unterstützung. Beide Aktivitäten haben das Ziel, einen offensichtlich holprig verlaufenden Lernprozess zu verbessern. Das digitale Wörterbuch der deutschen Sprache (kurz DWDS) führt als einen der bedeutungsverwandten Ausdrücke für Nachhilfe auch den Förderunterricht auf. Das Ziel von Nachhilfeunterricht ist, Defizite in einem bestimmten Fach abzubauen und bessere Noten zu bekommen. Zum Erlernen der fachlichen Inhalte bekommt der Schüler eine individuelle Betreuung und die zusätzliche Zeit am Nachmittag. Die Gründe für den Lernrückstand können vielfältig sein. Sie hängen aber nicht unmittelbar mit Sprachschwierigkeiten zusammen. Auf Nachhilfe haben Schüler keinen Anspruch. Sie ist eine private Dienstleistung, die Familien nach eigenem Ermessen und finanziellen Möglichkeiten selbst organisieren können. Sind die Lernentwicklung und das seelische Wohl eines Kindes in Gefahr, können berechtigte Familien finanzielle Unterstützung von Ämtern und Behörden bekommen, damit ihre Kinder gegebenenfalls eine geeignete Nachhilfe erhalten.

Sprachförderung tritt dagegen dann ein, wenn ein Schüler offensichtlich mit sprachlichen Problemen zu kämpfen hat, die ihn daran hindern, im Unterricht mit- oder voranzukommen. Sprachförderung findet in der Regel im Rahmen der staatlichen Beschulung statt. Die Kosten trägt der Staat, weil jedes Kind das Recht auf Förderung hat. Die Sprachfördermaßnahme ist von der Zahlungsfähigkeit der Eltern unabhängig. Der Erfolg der Maßnahme wird nicht (hauptsächlich) an Schulnoten gemessen (sollte generell ja auch nicht so sein).

Der Erfolg der Sprachförderung hängt aber ganz wesentlich davon ab, wie professionell sie gestaltet und durchgeführt wird. Mit professionell meinen wir das berufsbezogene Fachwissen, die Haltung und einiges mehr. Diese werden wir Ihnen im Folgenden schrittweise vorstellen.

Sprachförderung ist kein »Unterricht«

Unterrichten ist eine Grundform institutionalisierten pädagogischen Handelns, die stärker als Erziehung, Hilfe oder auch Beratung an die Vermittlung eines Inhalts gebunden ist, den der Lehrende beherrscht und so vermitteln soll, dass er von Lernenden, die ihn noch nicht begreifen, gelernt werden kann (Helsper; Keuffer 2010, S. 92).

Sprachförderung und Unterricht sind bildungspolitische, pädagogische und didaktische Angelegenheiten. Sie sind allerdings weder konzeptuell noch wissenschaftlich gleichbedeutend. Der wesentliche Unterschied besteht darin, dass der Unterricht (zum Beispiel der Deutschunterricht) auf bildungspolitisch vorgegebene Bildungsziele und -standards hinarbeiten muss. Für die Sprachförderung gibt es solche Bildungsziele nicht in gleicher Weise. Es werden in den Ländern zwar Bildungsziele gesetzt, die sich jedoch voneinander deutlich unterscheiden können (Eingliederungsverordnung, curriculare Grundlagen für Deutsch als

Zweitsprache, Nachteilsausgleich, DaZ-Klassen und so weiter). Sprachförderung ist aber eine Angelegenheit, die im Rahmen des Unterrichts berücksichtigt werden muss. Lehrkräfte teilen sich diese Verantwortung mit Eltern und weiteren Bezugspersonen sowie anderen Professionen wie Logopäden, Erziehern oder pädagogischen Fachkräften aus dem Hort. Sie alle tragen zur Sprachentwicklung und Sprachförderung des Kindes wesentlich bei. Die Förderziele sind dann von der Förderkraft auf der Basis des diagnostizierten Förderbedarfs zu definieren. Die Förderung wird auf der Grundlage umfangreicherer Beobachtungen geplant: unter anderem Lern- und Arbeitsverhalten, psychosoziale Situation des Kindes und auch bis dahin durchgeführte Unterstützungsmaßnahmen.

Unterrichtet eine Person einen Schüler, beabsichtigt sie, Inhalte aus dem Lehrplan so zu vermitteln, dass a) der Schüler sie erlernt, und b) er über sie reflektieren kann. Sie bedient sich dabei in der Regel einer der Sprachen (der Schule, siehe weiter vorn). Sie geht mit der Sprache sinnvoll um, um diese Inhalte verstehbar zu machen.

Natürlich lernen Kinder auch in der Sprachförderung. Allerdings ist die Absicht der Förderkraft nicht die Vermittlung bestimmter Inhalte, sondern es geht ihr darum, mehr Zeit und Gelegenheit zu gewähren, der Sprache, die sich hinter der Inhaltsvermittlung verbirgt, mächtig zu werden. Die Intention der Sprachförderung ist nicht die Frage, was unterrichtet werden soll, sondern, was dem Kind sprachlich fehlt, um für ein bestimmtes Thema Wissen zu erwerben.

Die Sprachförderung macht also einen Teil des Unterrichts aus und umgekehrt: Der Unterricht sollte auch sprachförderlich gestaltet werden.

Kein geschützter Beruf, aber ...

Während *Lehrer/-in*, *Arzt/Ärztin*, *Ingenieur/-in* oder *Anwalt/Anwältin* und viele andere Berufsbezeichnungen geschützt sind, sind die Bezeichnungen »Fachkraft für Sprachförderung«, »Förderkraft« oder »Sprachförderer/Sprachförderin« keine geschützten Berufsbezeichnungen. Das bedeutet, dass im Grunde genommen sich jeder selbst so bezeichnen oder von anderen so bezeichnen lassen kann.

Eine geschützte Berufsbezeichnung impliziert Vielfaches und unter anderem einen Ausbildungs- oder Studienabschluss. Ein Missbrauch der Berufsbezeichnung kann dann unter Umständen als Betrug geahndet werden. Wer sich als Anwalt vorstellt, hat ein Studium ordnungsgemäß abgeschlossen, dies gilt auch für alle Lehrkräfte an Schulen oder Betriebswirte in der freien Marktwirtschaft.

Anders ist es bei Berufen, deren Bezeichnungen nicht geschützt sind (siehe Abbildung 2.4). Dies gilt beispielsweise für Personal Trainer, Coach, Dozent, Yogalehrer oder eben Förderkraft. Diese Berufe sind relativ neu. Sie verfügen noch nicht über eine geschützte Berufsbezeichnung und bauen auf Zertifizierungen auf, nicht jedoch auf Abschlüsse, die von staatlich bzw. staatlich anerkannten Institutionen erteilt werden. Als Personal Trainer kann sich (privat) jeder bezeichnen, der im Bereich der körperlichen Fitness tätig sein möchte und sich in diversen sportlichen Aktivitäten auskennt. Die Person darf diese Tätigkeit ausüben und sich Personal Trainer bezeichnen, auch wenn sie nicht über einen Abschluss im Gesundheits- oder Sportwesen verfügt. In Fitnessstudios ist es wiederum etwas anders.

Personal Trainer müssen dort in der Regel vorweisen, dass sie über entsprechende Zertifikate verfügen. Es liegt allerdings im Ermessen des Unternehmens, diese Person als Personal Trainer einzusetzen.

Abbildung 2.4: Nicht geschützte Berufsbezeichnungen

Coaches kommen in pädagogischen Kontexten sehr häufig vor. Sie beraten und begleiten Menschen individuell und zeitlich begrenzt in einem bestimmten Lebens- oder Berufsstadium. Ähnlich zum Personal Trainer (wobei sie auch als Coaches verstanden werden können) müssen sie keine formalen Bedingungen erfüllen, um sich als solche zu bezeichnen. Sprich, es gibt keine Bildungseinrichtung, die Coaches formal ausbildet. Um jedoch auf dem anvisierten Gebiet (Finanzwesen, Gesundheit, Schule, life coaching und so weiter) beraten zu können (und selbstverständlich die eigenen Marktchancen zu erhöhen), ist die Teilnahme an zertifizierten Coaching-Ausbildungen oder berufsbegleitenden Programmen durch anerkannte Institutionen sinnvoll. Coaching ist eine Zusatzqualifikation, die zwar keiner formalen Ausbildung bedarf, aber fundierter Kenntnisse und praktischer Erfahrungen.

Dozenten oder Yogalehrer müssen – wie auch bei den genannten Beispielen – über Expertisen in ihren jeweiligen Feldern verfügen, um angemessen handeln zu können. Auch sie benötigen aber keine formale Ausbildung. Vielmehr machen die beruflichen Erfahrungen und zertifizierte Qualifikationen sie zum Dozenten oder Yogalehrer.

Sprachförderkräfte durchlaufen ebenfalls keine staatlich geregelte Ausbildung wie dies zum Beispiel für Lehrkräfte gilt. Interessierte können sich durch Teilnahme an Fachlehrgängen, Weiterbildungskursen oder Fortbildungen in der Sprachförderung zusätzlich qualifizieren lassen. Üblicherweise sind das Erzieherinnen und Erzieher, Lehrkräfte oder Personen, die in gemeinnützigen Bildungseinrichtungen kind-, schul- und bildungsnah arbeiten.

Während wir es für schwierig halten, überhaupt einen passenden Begriff für die Person zu finden, die regelmäßig und professionell sprachfördert, kommt noch hinzu, dass es schwierig ist, aus den üblichen Berufsbezeichnungen, die passende zu finden. In der Literatur und der Praxis liegen mehrere synonyme Bezeichnungen vor: Sprachförderer, Sprachförderexperte, Förderkraft oder Fachkraft für Sprachförderung. Wir haben uns in diesem Buch für »Förderkraft« entschieden.

Wichtige Aussagen des Kapitels in aller Kürze:

✔ Sprachförderung ist eine Form des pädagogischen Handelns und stellt eine Interventionsmöglichkeit dar.

✔ Intervention bedeutet Eingriff in einen Prozess, das heißt eine Fachkraft schaltet sich ein, um eine (positive) Änderung in der Entwicklung der Sprachkompetenzen herbeizuführen.

✔ In der Förderpraxis werden additive und integrierte Sprachfördermaßnahmen häufig miteinander kombiniert.

✔ An Kitas sind alltagsintegrierte Sprachfördermaßnahmen geläufiger, an Schulen additive und fachintegrierte.

IN DIESEM KAPITEL

Sprachfördern können alle, die sich an ein paar Regeln halten

Gute Förderkräfte bilden sich stets fort

Gute Förderkräfte fallen nicht nur damit auf, dass sie viel wissen und können, sondern durch die Einhaltung von ethischen Prinzipien in der Ausübung ihrer Tätigkeit

Kapitel 3

Wer kann am besten unterstützen?

Wir gehen davon aus, dass jeder in der Lage ist, zu sprachfördern, sofern er sich an ein paar wichtige (!) Regeln hält. Diese stellen wir als Merkmale einer guten Sprachförderkraft im Folgenden vor.

Sprachfördern kann (fast) jeder

..., der sich an ein paar Regeln hält (siehe Abbildung 3.1).

✔ Sie kennen sich mit Sprache gut aus.

✔ Sie wissen, welche Sprachschwierigkeiten häufig vorkommen.

✔ Sie können sprachliche Fähigkeiten und Schwierigkeiten anhand angemessener Tests und Beobachtungen ermitteln und beurteilen.

✔ Sie können Sprachförderangebote auf die sprachlichen Bedürfnisse des Einzelnen hin ausrichten.

✔ Sie besitzen ein großes Repertoire an passenden Übungen und Strategien zur Sprachförderung.

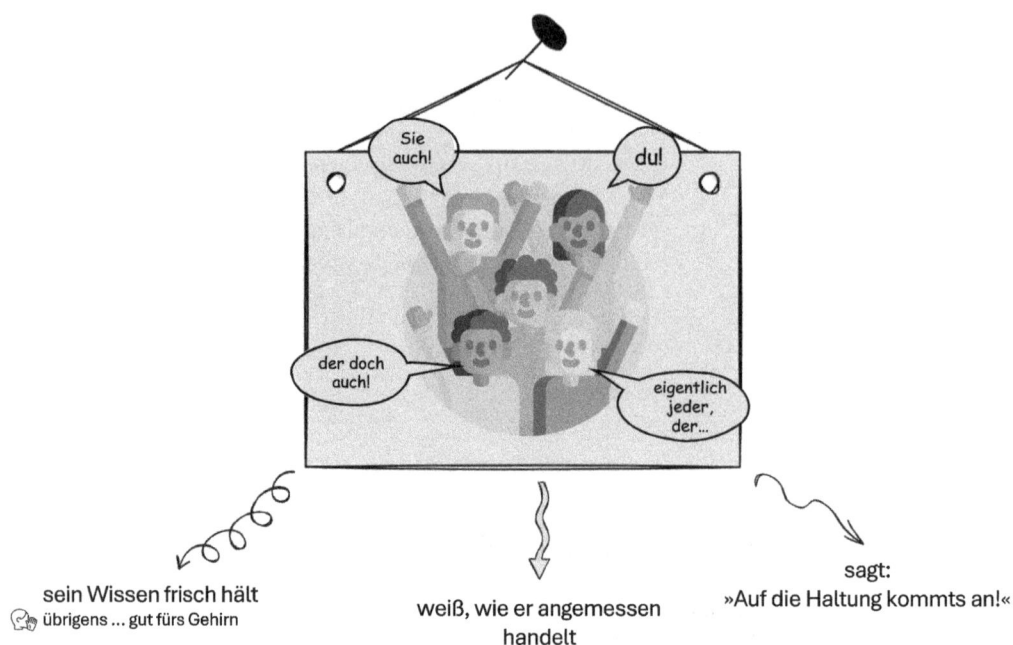

Abbildung 3.1: Sprachfördern kann jeder, der …

Was wir mit diesen Regeln meinen, erklären wir Schritt für Schritt. Zunächst halten wir es für wichtig, das grundsätzliche Verständnis von Sprachförderung als ein Zusammenspiel von Wissen, Handeln und Haltung zu erläutern.

Merkmale einer guten Förderkraft

So wie es Merkmale eines guten Unterrichts oder einer guten Lehrkraft gibt, gibt es auch Merkmale einer guten Förderkraft (siehe Abbildung 3.2). Wir fassen sie unter drei Stichpunkten zusammen.

✔ Sie verfügt über ein breites Sprachförderwissen, also ein tiefes **Wissen** über Sprache, Spracherwerb und Sprachförderung.

✔ Sie kann dieses Wissen in sinnvolle **Handlungen** überführen. Sie weiß, wie beim dringenden Bedarf zu handeln ist.

✔ Sie geht systematisch und planvoll vor, arbeitet sorgfältig und gewissenhaft. In ihrer **Grundhaltung** ist sie sich über mögliche Kurzschlüsse, Vorurteile, Voreingenommenheit bewusst.

Abbildung 3.2: Merkmale einer guten Förderkraft

Ihr systematisches und planvolles Handeln treibt Fortschritte und positive Entwicklungen voran und ebnet einem effizienten Auf- und Ausbau von relevanten Sprachkompetenzen den Weg.

Um zu ermitteln, welche Sprachkompetenzen relevant sind, erkundet die Förderkraft die Sprachlernbedingungen des Kindes sehr detailliert. Während der Erkundung trifft sie keine vorschnellen Schlüsse. Sie zeigt grundsätzlich eine vorurteilsfreie Haltung und weiß, dass die Sprachförderung nur dann wirksam ist, wenn sie sich auf die *veränderbaren* Bedingungen (zum Beispiel Erwerbsstand, Motivation, Einstellung zur Sprache und zum sprachlichen Lernen) bezieht.

Immer schön wissensdurstig bleiben

Eine gute Förderkraft ist in der Lage, das Verhältnis zwischen dem sprachlichen Können und den Sprachschwierigkeiten des Kindes angemessen zu deuten. Sie konzentriert sich dabei auf die Fragen, was das Kind bereits erworben hat und gut beherrscht und wo es noch Schwierigkeiten hat. Das setzt voraus, dass man die jeweiligen sprachlichen Phänomene benennen und beschreiben kann, also über Sprachwissen verfügt!

In diesem Abschnitt möchten wir mit Ihnen gemeinsam einige sprachliche Phänomene aufgreifen. Es können natürlich auch viele andere Aspekte sein, die wir leider aus Platzgründen nicht alle aufführen und besprechen können. Außerdem steht der Fokus auf Ihrer eigenen Sprachbewusstheit. Mit Beispielen möchten wir Sie zum Nachdenken über ausgewählte Sprachphänomene bringen. Weitere (authentische und förderrelevante) Beispiele bringen und erläutern wir laufend.

Also …

Betrachten wir zunächst das folgende Beispiel:

 Hast du das neue Buch von Harry Potter gelesen? Ich wette, dass du das schon gelesen hast.

Beim Schreiben dieses Satzes fließt uns das folgende Wissen (bezogen auf den Unterschied zwischen *das* und *dass*) blitzschnell durch den Kopf, was uns erlaubt, grammatisch korrekt zu schreiben:

1. Mit dem deiktischen Element (das heißt zeigenden, hinweisenden) *das* im zweiten Satz kann ich auf das im ersten Satz verwendete Objekt »das neue Buch von Harry Potter«

verweisen. Ich mache es damit zum Referenzobjekt, um mich beispielsweise ökonomischer auszudrücken.

2. Das Verb *wetten* braucht neben dem Subjekt ein weiteres Satzglied (hier Akkusativobjekt). In diesem Fall ist es ein ganzer Satz (Das Buch hast du schon gelesen), den ich mit *dass* einleiten kann.

In Schriften von Kindern und Jugendlichen (manchmal auch von Erwachsenen) taucht die Verwechslung bzw. Falschschreibung von *das* und *dass* häufig auf. Es ist ein Phänomen, das sich auf die Schriftsprache bezieht und mündlich aber kein Problem darstellt. Die Verwechslung tritt häufig dann auf, wenn das Referenzobjekt ein Neutrum ist (das Buch, das Bett, das Gebiet, das Pferd). Die identische Aussprache stärkt vermutlich diese Verwechslung.

Was ist, wenn ein Kind also schreibt:

 Hast du das neue Buch von Harry Potter gelesen? Ich wette, das du dass schon gelesen hast.

Wie würden Sie reagieren?

Sie könnten die beiden Wörter rot anstreichen und die korrekten Formen darüberschreiben oder sie dem Kind diktieren und es selbst korrigieren lassen. Sie könnten das letzte Treffen in Erinnerung rufen lassen, in dem Sie gemeinsam Nebensätze mit *dass* und/oder Relativpronomen erarbeitet haben.

All das wäre jedoch weniger sprachförderlich. Wir schlagen stattdessen folgende Vorgehensweise vor, die von einer guten Förderkraft zu erwarten wäre:

✔ Sie nehmen zur Kenntnis, dass das Kind Schwierigkeiten bei der Unterscheidung der beiden gleichklingenden Wörter in ihrer grammatischen Funktion und Schreibweise hat.

✔ Sie fordern das Kind in anderen Kommunikationssituationen heraus und vergewissern sich, ob sich dieses Phänomen bereits verfestigt hat oder ob es doch ein Flüchtigkeitsfehler ist.

✔ Sie wissen, dass Sie dieses Phänomen schriftlich behandeln, weil einerseits die Mündlichkeit flüchtig ist und andererseits der Unterschied im Falle des Neutrums nicht gehört werden kann.

✔ Sie wissen, dass es das Neutrum betrifft, und lassen das Akkusativobjekt »das neue Buch ...« in ein maskulines Nomen umwandeln.

 Lassen Sie den Satz mit einem anderen, sinngemäß passenden Akkusativobjekt bilden, zum Beispiel mit »den neuen Film von Bad Boys«.

Hast du den neuen Film von Bad Boys gesehen? Ich wette, dass du den schon gesehen hast.

Dass der Schreiber die Positionen von *dass* und *den* vertauscht, ist sehr unwahrscheinlich. Deshalb vermuten wir, dass die Verwechslung von *dass* und *das* vielmehr ein Rechtschreibproblem ist als ein grammatisches. Um sich in der konkreten Sprachförderarbeit bei solchen und ähnlichen Vermutungen abzusichern, kann man wie im Beispiel vorhin Umstell- und Ersatzproben durchführen. So können Sie besser beurteilen, ob Sie sich dann auf die Rechtschreibung, die Grammatik oder doch auf den Wortschatz beziehen müssen.

Machen wir weiter …

Welcher Satz ist richtig geschrieben?

a. Haben Sie sie schon eingepackt?

b. Haben sie Sie schon eingepackt?

Sie haben die richtige Antwort bestimmt blitzschnell gefunden. Selbstverständlich der erste Satz (A). Den anderen Satz kann man sehr schnell von der Hand weisen, weil die Höflichkeitsform, worin immer das Subjekt realisiert wird, niemals dem Objekt nachgestellt wird. Das Subjekt wird im Deutschen immer entweder dem Verb voran- oder nachgestellt.

Uns geht es nicht darum, Sie zu testen, ob Sie die richtigen Antworten geben können. Das können Sie. Es geht aber darum, dass Förderkräfte wissen müssen, warum etwas so gesagt oder geschrieben werden muss bzw. soll und wie sie durch lernförderliche Erklärungen und Übungen erreichen, dass die Kinder diese sprachlichen Phänomene beherrschen. Also die Sprache zu beherrschen, ist eine grundlegende Voraussetzung, aber noch keine hinreichende Bedingung, um eine gute Förderkraft zu sein. Sie brauchen noch gefestigtes Sprachwissen und sprachdidaktisches Wissen.

Also denken Sie über Ihre Antwort nach! Wie könnten Sie erklären, warum in diesem Fall A richtig ist?

Ihre Überlegungen könnten beispielsweise so aussehen (siehe Abbildung 3.3):

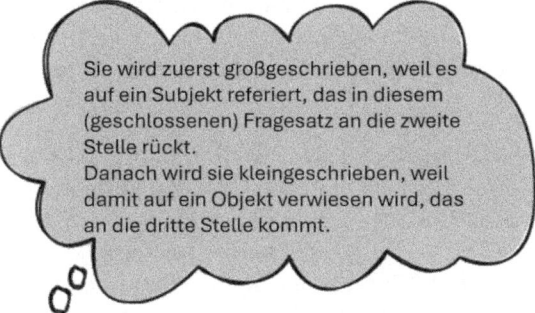

Abbildung 3.3: Grammatisches und orthographisches Wissen

Für die Groß- und Kleinschreibung ist es entscheidend, die Verweise grammatisch richtig zu deuten. In ganz vielen Fällen hängen Rechtschreibung und Grammatik (und Semantik!) zusammen:

Er *erhält den Raum mit einer Lampe.   Er erhält für sein Engagement viel Lob.

Er erhellt den Raum mit einer Lampe.   Er *erhellt für sein Engagement viel Lob.

In diesen kurzen Beispielen steckt so viel Wissen, dass man sich das alles gar nicht vorstellen kann (Inversion, Satzfelder, Verbstellung, Groß- und Kleinschreibung, Kohärenz usw.). Über dieses abstrakte Wissen zu verfügen, ist kein Selbstzweck, sondern Sie brauchen dieses Wissen vor allem, um auf potenzielle Schwierigkeiten sowie zur Identifizierung von Problemfeldern Rückschlüsse ziehen zu können. Schreibt das Kind *erhellt* anstelle von *erhält*, weil es das Wort nicht kennt, oder liegt das Problem in seinen Rechtschreibkompetenzen?

Machen wir mit einem beliebten Thema weiter: der Perfektbildung.

Formulieren Sie die Sätze in Perfekt um:

Beispiel: Ich laufe zum Supermarkt. – Ich *bin* zum Supermarkt *gelaufen*.

Sie liest jeden Tag ein paar Seiten. – Sie _____ jeden Tag ein paar Seiten _____ .

Das Kind schläft spät ein. – Das Kind _____ spät _____ .

Ein Prisma zerlegt den Lichtstrahl in verschiedene Farben. – Das Prisma _____ den Lichtstrahl in verschiedene Farben _____ .

Die Krankenschwestern bereiten den OP-Saal vor. – Die Krankenschwestern _____ den OP-Saal _____ .

Das Kind trainiert hart. – Das Kind _____ hart _____ .

Betrachten Sie die Perfektformen. Untersuchen und beschreiben Sie die Bildung der Perfektformen. Beschreiben Sie die Bildungsmuster (sein/haben; ge + t oder ge + en). Notieren Sie, was Sie sich für die konkrete Sprachförderarbeit merken wollen.

Wenn man über etwas spricht, das in der Vergangenheit liegt, stehen dafür verschiedene Formen zur Verfügung: zum Beispiel Perfekt, Präteritum oder Plusquamperfekt. Kinder erwerben Perfektformen zwar relativ schnell, doch können einige Schüler systematische strukturelle Hilfen benötigen, um die Bildung der Vergangenheitsformen passend anwenden zu können. Schüler mit geringer Kontaktzeit mit der deutschen Sprache profitieren von einer gut strukturierten und anschaulichen Darstellung der sprachlichen Muster.

Diese strukturbezogenen Hilfen beziehen sich auf Phänomene, die in Ihrem Sprachwissen enthalten sein müssten:

✔ Perfekt wird mit den Hilfsverben *haben* oder *sein* gebildet. Es gibt keine Ausnahmen.

✔ Es gibt jedoch für Lernende keine logisch nachvollziehbaren Regeln, in welchen Fällen welches Hilfsverb verwendet werden soll.

✔ Trennbare und nicht trennbare Verben werden in Perfekt unterschiedlich gebildet. Es gibt keine Ausnahmen (vorbereiten, zerlegen, missverstehen usw.).

✔ Verben, die auf -ieren enden, erhalten in Partizip II kein ge- (*getelefoniert).

✔ Verben mit nicht trennbaren Präfixen (zum Beispiel be-, ge-, zer-) erhalten in Partizip II ebenfalls kein ge- (*gezerlegt). In sehr vielen Fällen erhalten sie die Endung -t.

✔ Wer sich fragt, was Partizip I ist ➜ der *eingeladene* Gast, die *teilnehmende* Schule, *geeignete* Mittel usw. Aber das ist ein anderes Thema.

Nun haben Sie hoffentlich so einiges auffrischen können. Wir möchten an dieser Stelle eine Pause machen und empfehlen Ihnen, bei den Phänomenen, die Ihnen in der Schule, im Unterricht, in Gesprächen mit den Kindern etc. begegnen, stets zu fragen, welches explizite Sprachwissen Sie benötigen, um diese zu deuten oder gar zu erklären oder passende Lernangebote zu gestalten. Wir halten eine reflektierende Haltung für eine wesentliche Kompetenz einer guten Förderkraft. Das für die Reflexion benötigte Sprachwissen greifen wir in diesem Buch laufend (an konkreten Beispielen) auf. Das Thema wird Sie also noch weiter beschäftigen.

Bevor wir zum nächsten Abschnitt übergehen, können Sie hier gerne ihr (Vor-)Wissen selbst testen!

Wie viele Pluralendungen gibt es im Deutschen?

Es gibt im Deutschen ein paar Nomen, die mehrere grammatische Geschlechter (Genus) annehmen können. Dabei verändert sich die Bedeutung des Nomens. Welche kennen Sie?

Was braucht man, um ein Verb im Perfekt zu bilden?

Mit welcher Konjunktion kann die Bedingung in einem Konditionalsatz eingeleitet werden?

Können Konditionalsätze auch uneingeleitet gebildet werden? Wie?

Bevor wir zum nächsten Thema weiterziehen, geben wir das Wort an Ires weiter. Sie möchte nämlich unbedingt über die Relevanz der begrifflichen Kenntnisse sprechen.

Habt ihr mich vermisst? Ich wollte mich wieder mal einschalten, weil ich auch mal meinen Senf dazu geben möchte.

Braucht man denn überhaupt so ein »Kauderwelsch«? Ich meine damit die ganzen linguistischen Begriffe. Ja und nein. Es ist nützlich, zu wissen, wie Phänomene fachsprachlich benannt werden, denn wir lernen nun mal mit den Begriffen, was dahintersteckt. Da ich mich ja darum bemühe, mich mit Fort- und

Weiterbildungen und dem *scientific media* beruflich fit und up to date zu halten, muss ich die fachsprachlichen Ausdrücke zwingend kennen.

In der Praxis geht es aber dagegen darum, dass ich das sprachliche Verhalten des Kindes gut kennen muss, um darauf angemessen reagieren zu können. Ich schaue mir immer erst an oder höre mir an, wie sich das Kind ausdrückt, wie es sich mit anderen unterhält, wie und worüber es gerne schreibt. All das setzt Sprachanalyse voraus. Um die Gespräche und Texte analysieren zu können, brauche ich gute fachliche Ressourcen. Ja, ich bin auch ein Forscher!

Begriffe sind dazu da, um theoretische Klarheit zu erlangen. Wir können über Klimawandel sprechen, weil wir Begriffe wie Klima von Wetter unterscheiden können, weil wir Luftbewegungen je nach Intensität anders bezeichnen: Wind, Orkan, Taifun et cetera. Wetterforscher hantieren mit einer größeren Zahl an Begriffen, die sie noch genauer präzisieren. Fluglotsen müssen ihrerseits auch viele Wetterphänomene kennen und bezeichnen können. Ähnlich verhält es sich in der Sprachförderarbeit. Wir brauchen Begriffe aus der Psychologie, der Sprachwissenschaft, der Sprachdidaktik, die uns ermöglichen, Klarheit über unsere Arbeit zu erlangen. Zu beschreiben, was wir dort beobachten und was wir tun. Es wäre auch seltsam, wenn ein Arzt körperliche oder psychische Prozesse nicht benennen könnte, oder? Der Patient selbst braucht bei einer suszipierten Dysfunktion des Diaphragmas nicht die medizinischen Begriffe zu kennen. Ihm reicht es, wenn der Arzt seinen Gesundheitszustand gut beschreiben kann und in der Lage ist, eine geeignete Therapie zu erkennen und anzuordnen. So ähnlich ist es auch in der Sprachförderung. In einem der Seminare habe ich mal gehört, dass es wichtig sei, zwischen einer **linguistischen Grammatik** und einer **pädagogischen Grammatik** zu unterscheiden. Mit der linguistischen Grammatik können Sie sich in Ihrem Fachkreis präzise ausdrücken, mit der pädagogischen Grammatik können Sie Eltern und Kinder erreichen. Sie nutzen in Unterhaltungen mit Eltern und Kindern vielmehr die pädagogische Ausdrucksweise. Eine verständliche Sprache ist für Laien das Wichtigste. Ein Beispiel: Im linguistischen Kontext sprechen Sie von Präfixen, um beispielsweise den dem Verbstamm vorangehenden Teil zu bezeichnen (*ein*schlafen, *vor*bereiten, *unter*gehen). In der Sprachförderung könnten Sie mit dem Begriff Wortbaustein arbeiten. Durch Wortbildungsübungen begreifen die Kinder, welche linguistischen Einheiten gemeint sind. Wir empfehlen stets, so viel wie nötig und so wenig wie möglich zu erklären. Gerade bei Kindern, die Schwierigkeiten haben. Das Ziel besteht nicht darin, dass Kinder Grammatikexperten werden, sondern darin, dass sie die Sprache beherrschen. Die Expertin sind Sie!

Als Förderkraft liegt mir am Herzen, dass ich mein Wissen und Können von Tag zu Tag optimiere. Es gibt so viel Neues zu lernen. Ich wusste am Anfang zwar sehr viel, doch fehlte mir an manchen Stellen das Wissen darüber, *wie* ich am besten vorgehe, um – wie es so schön heißt – das Kind dort abzuholen, wo es steht. Wie handele ich professionell? Wie kann ich so handeln, dass ich das Kind nicht über-, aber auch nicht unterfordere? Man kann sich viel Wissen aneignen, aber im Endeffekt kommt es darauf an, es mit dem Handeln in Einklang zu bringen. Wenn man nicht weiß, wie man richtig handelt, ist das Wissen tot, fachsprachlich nennt man es: träges Wissen. Umgekehrt gilt: Professionelles Handeln setzt Wissen voraus!

Weißt du noch oder handelst du schon?

Um professionell zu handeln, muss man in der Lage sein, sein Wissen und seine Erfahrung zu verknüpfen (siehe Abbildung 3.4). Das ist auch das Ziel aller Bestrebungen von Bildungsbeauftragten (Schule, Berufsschulen, Universität etc.).

professionelles Handeln = Wissen + Erfahrung

Abbildung 3.4: Erfahrung – Wissen – Handeln

Es ist grundsätzlich vorteilhaft, offen für die Suche nach Schnittstellen zwischen erworbenen theoretischen Erkenntnissen aus den Lehrbüchern, dem Selbststudium, den Seminaren, den eigenen praktischen Erfahrungen sowie dem Austausch mit anderen Förderkräften zu sein. Für die Herstellung solcher Verknüpfungen helfen einerseits die regelmäßige Teilhabe an der Fach- und Praxiswelt und andererseits der aufmerksame Austausch mit Kindern und Jugendlichen in systematischen Lernsituationen und im Alltag sowie Beobachtungen, während sie mit anderen kommunizieren. Ihr Wissen um sprachliche Aspekte (korrekter Artikelgebrauch, Flexion von Verben, Inversion, Gebrauch von Nebensätzen, Verbstellung in Nebensätzen usw.) und Ihre Beobachtungen über den individuellen Sprachgebrauch geben Ihnen Anhaltspunkte für den Umgang des Kindes mit seinen sprachlichen Fähigkeiten. Sie achten womöglich darauf, bestimmte Ausdrücke intuitiv mehr zu verwenden, die vom Kind häufig falsch gebraucht werden (zum Beispiel häufige Artikel- und Kasusfehler oder falsche Subjektpositionen im Satz usw.), ohne jedoch unauthentisch zu wirken.

Was, wie, warum?

Eine professionell handelnde Förderkraft fragt sich, **was** sie in ihrer Fördertätigkeit **warum** und **wie** tun soll (siehe Abbildung 3.5).

Abbildung 3.5: Was-Wie-Warum

Sie versteht, führt aus und reflektiert stets ihr Tun. Sie kann die Förderarbeit so gestalten, dass Schülerinnen und Schüler mit ihren individuellen Eigenschaften (Stärken, Interessen, Überzeugungen, Willen etc.) den größtmöglichen Nutzen aus der Sprachförderung ziehen können. Sie setzt sich für eine ausgeglichene Aufteilung der Verantwortung ein und ist bemüht, mit dem Schüler gemeinsam an seinem sprachlichen Wissen bzw. Können zu arbeiten und es schrittweise zu entfalten. Sie setzt sich mit ihm gemeinsam Ziele und reflektiert regelmäßig über den Fortschritt. Sie beobachten Ihre eigene Sprachförderarbeit, um herauszufinden, wie diese sich auf die sprachlichen Fähigkeiten junger Menschen auswirken kann und wie Sie die besten Ergebnisse erreichen können.

Sprachförderung setzt seitens der Förderkraft natürlich sehr viele weitere Kompetenzen voraus, die die nötigen Grundlagen für ein professionelles, motivierendes und vertrauensvolles Handeln bilden. Sprachförderung ist nicht nur eine Folge der Anwendung des individuellen Wissens über Sprachförderung des Förderers. Sie kristallisiert sich vor allem in der Interaktion zwischen Ihnen und den Schülern und deren Eltern sowie Ihren Kolleginnen und Kollegen heraus. Diese Interaktionen und Kontakte wirken bei der Professionalisierung erheblich mit.

Pädagogische Bildungsarbeit findet stets auf Grundlage der Beziehungsarbeit statt. Gerade im Unterstützungsbereich spielt eine vertrauensvolle Basis eine wesentliche Rolle. Wir können schlecht Unterstützung von Personen annehmen, die wir nicht mögen oder denen wir nicht vertrauen.

 Handlungsmaximen für gute Förderkräfte

✔ Bleiben Sie mit den Bezugspersonen des Kindes stets in Kontakt.

✔ Halten Sie sich durch den fachlichen Austausch beruflich fit und arbeiten Sie an Ihren Wissenslücken.

✔ Werden Sie sich Ihrer eigenen Sprache bewusst und modellieren Sie sie während der Sprachförderarbeit.

✔ Seien Sie fair, offen und handeln Sie wertfrei.

✔ Handeln Sie vertrauensvoll und seien Sie kooperativ.

Und was ist mit Haltung?

Förderkräfte sind Menschen. Neben Wissen und Können haben sie auch Überzeugungen, Einstellungen, Mentalitäten und diverse Persönlichkeitsmerkmale. Die Förderkraft verpflichtet sich aber im Rahmen ihrer Arbeit zu einer bestimmten Haltung. Sie ebnet damit den Weg für eine schülerorientierte, faire, vorurteilsfreie und partnerschaftliche Atmosphäre.

Eine offene, wertfreie Haltung bedeutet, zu wissen, dass sich Kompetenzen verändern können (im positiven wie im negativen Sinne), dass es in der Sprachförderung um die veränderbaren Fähigkeiten geht und nicht um (aus Sicht der Sprachförderung) kaum beeinflussbare Eigenschaften (zum Beispiel Migrationshintergrund, Geschlecht, finanzielle Ressourcen der Familie, Bildungshintergrund der Eltern etc.), und dass man zwar mit der professionellen

Sprachförderarbeit viel bewirken kann, aber sie schließlich nur eines der ergänzenden Angebote ist und die Verbesserung der Sprachkompetenzen schließlich auch von anderen Faktoren beeinflusst wird (Wille und Motivation des Kindes, lernförderliche Umgebungen außerhalb der Schule, regelmäßige Teilnahme und Kooperation usw.).

 Unabhängig von der Migrationsgeschichte oder vom Bildungshintergrund der Eltern, des Geschlechts oder der finanziellen Ressourcen hat jedes Kind das Recht auf (Sprach-)Förderung.

Diese (von der Förderkraft) schwer beeinflussbaren Eigenschaften dienen im wissenschaftlichen Kontext hauptsächlich dazu, den Lebenskontext des Kindes statistisch zu erfassen und Bezüge zwischen den beobachteten bzw. gemessenen Phänomenen und diesen Eigenschaften herzustellen (zum Beispiel: Lassen sich bestimmte Phänomene häufiger bei Menschen mit Migrationshintergrund beobachten?). Für die Bildungs- und Förderpraxis sind sie aber kaum relevant.

Als Förderkraft verpflichte ich mich, mein Wissen, Können und Handeln zum Wohle der mir anvertrauten Kinder und Jugendlichen einzusetzen.

Den Kindern und Jugendlichen gegenüber verpflichte ich mich,

✔ sie ihren Möglichkeiten und ihrem Entwicklungsstand entsprechend zu fördern,

✔ die Förderung aus den diagnosebasiert ermittelten Fähigkeiten des Kindes bzw. des Jugendlichen abzuleiten und zu gestalten,

✔ die jeder Sprachförderung zugrunde liegende Diagnose kompetent und gewissenhaft durchzuführen,

✔ die Förderabsicht mit den Fähigkeiten und den Bedürfnissen des Kindes bzw. des Jugendlichen zu begründen und nicht auf seine Wesensmerkmale zu beziehen,

✔ kindliche Sprachfehler in Sprache und Schrift zuzulassen und ihr diagnostisches Potenzial zuzuerkennen,

✔ die Förderung zwischen der Zone der aktuellen Entwicklung und die der proximalen Entwicklung einzuspannen und damit Unter- und Überforderung zu vermeiden,

✔ sie stets zu motivieren,

✔ authentische Lernräume zu schaffen bzw. die Förderung in den Alltag zu integrieren,

✔ die Förderung dialogisch und unterhaltsam zu gestalten, regelmäßig Rückmeldungen zu geben und einzuholen, Fragen zu stellen sowie stellen zu lassen und zuzuhören,

✔ der Sprachförderung eine dienende Funktion im Bildungsprozess zuzuschreiben,

✔ einen Einfluss der Sprachförderung auf die Persönlichkeitsentwicklung zuzuschreiben,

✔ zuzuerkennen, dass die Förderarbeit auch eine Persönlichkeitsentwicklung herbeiführt,

✔ Vertrauen in die Person des Kindes zu schenken und tagtäglich sichtbar zu machen,

✔ für eine wertschätzende, angstfreie und bildungswirksame Atmosphäre und Beziehung zu sorgen und

✔ für die leibliche, seelische und geistige Unversehrtheit der anvertrauten Kinder und Jugendlichen einzustehen.

Eine Fahrradtour mit Ires

Wir gehen also davon aus, dass jeder, sofern er die Voraussetzungen erfüllt, sprachfördern kann. Zu den wichtigsten Einflussfaktoren auf die professionelle Durchführung und Gestaltung der Sprachförderarbeit zählt die Bewusstheit über die vier Aspekte: die sprachlichen (Sprachsystem), die erwerbsbezogenen (Erwerb), die unterrichtsbezogenen (Sprachdidaktik) und die förderdiagnostischen Aspekte (Diagnose). Weitere Faktoren betreffen die Fähigkeiten zur adäquaten Ausgestaltung der Förderung: Organisation, Gestaltung von Lernräumen und die persönlichen Überzeugungen und Haltungen.

Kenntnisse über das Sprachsystem, den Spracherwerb, die Sprachdidaktik und die Sprachdiagnose, eine vorurteilsfreie Haltung, die Planung und Durchführung von Sprachförderung sowie die Gestaltung von sprachaktivierenden Lernräumen sind wesentliche Merkmale einer qualifizierten Förderkraft. Zu diesen Komponenten zählt auch die Förderpersönlichkeit, also die persönlichen Überzeugungen und Einstellungen. Die Qualität der Sprachförderung wird aber auch von externen Faktoren beeinflusst, wie zum Beispiel von der Institution, Organisation und der konzeptuellen und materiellen Ausstattung der Lernräume.

Entlang einer Fahrradtour erklärt Ires uns, wie man sich das Zusammenspiel von diesen Faktoren vorstellen kann. Sie ist die Förderkraft, Paula nimmt an der Sprachförderung teil und die Fahrradtour symbolisiert die Sprachförderarbeit zwischen Ires und Paula (siehe Abbildung 3.6).

✔ Organisation

Ires arrangiert für Paula eine Fahrradtour und besorgt sich zwei Fahrräder. Paula selbst hat noch kein Fahrrad. Die Schule leiht ihr eines der Fahrräder aus, die der Elternverein an die Schule gespendet hat und regelmäßig instand hält.

✔ Gewöhnung

Paula ist anfangs etwas verunsichert, weil sie sich einerseits an das Lenkrad, den Sattel, Pedale und andererseits an die Fahrradwege, den Verkehr und die Verkehrszeichen gewöhnen muss. Sie ist bisher mit einem anderen Fahrrad, auf anderen Wegen und mit anderen Verkehrszeichen gefahren.

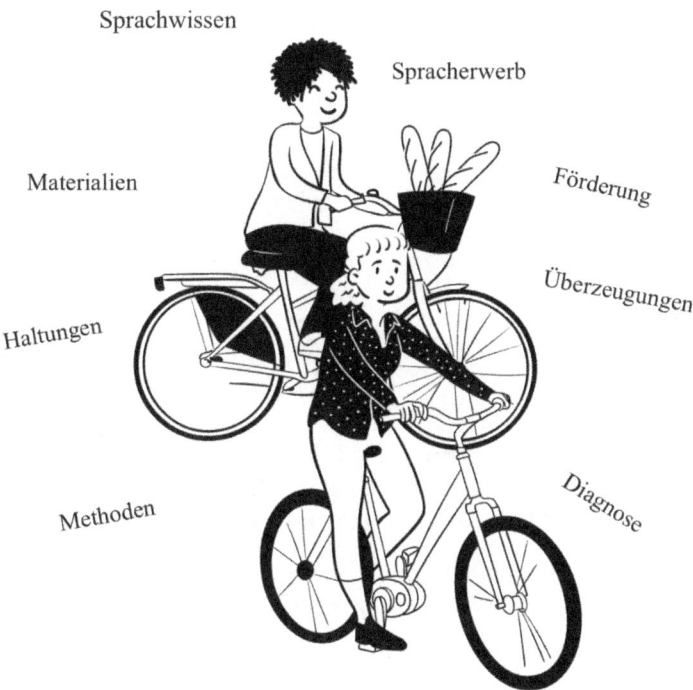

Abbildung 3.6: Eine Fahrradtour mit Ires

✔ Etwas Persönliches

Paula bemerkt nebenbei, dass ihr Fahrrad, das von Ires und ihr früheres Fahrrad vom Bau her zwar ähnlich, aber äußerlich unterschiedlich ausgestattet sind (Gänge, Schutzblech, Korb usw.). Vielleicht, denkt sie, kann ich mein Fahrrad schmücken. Ein Korb wäre nicht schlecht, vielleicht auch ein lila Fähnchen neben dem Gepäckträger?

✔ Proviant

Für die Tour besorgt Ires vor allem Baguettes. Die hat sie immer dabei, wenn sie auf Tour geht. Sie stellt sie selbst, immer aus frischen und gesunden Zutaten, her. Manchmal mit Oliven, manchmal mit Paprika, aber auf jeden Fall aus gutem Mehl. Das Besteck (eigenes und Paulas) hat sie auch eingepackt.

✔ Streckenplan und Zubehör

Den Streckenplan hat Ires mit Paula schon besprochen. Sie markiert immer auf der Karte die Route und erklärt den Tourpartnern ausführlich, durch welche Straßen und auf welchen Waldwegen sie fahren werden. Auch die Fahrtzeit hat sie erwähnt.

Für eventuelle Pannen hat sie auch schon vorgesorgt. Sie hat zwei Päckchen Reparaturzeug dabei. Den Inhalt hat sie schon durchgecheckt.

✔ Die Fahrt

Ires fährt manchmal langsamer, manchmal schneller. Jedenfalls achtet sie auf Paulas Fahrtempo und fordert sie manchmal heraus, etwas kräftig in die Pedale zu treten, und manchmal hilft sie ihr, rechtzeitig zu bremsen. Sie weiß, wann sie Paula überfordern würde und wann Paula noch ein bisschen mehr geben kann. Sie haben schon zusammen kürzere Touren gemacht.

Sie haben auch schon Pausen geplant. Sie können, erklärt sie Paula, immer auch dort Pause machen und sich ein wenig ausruhen, Wasser trinken, Kleinigkeiten essen usw., wo immer sie es benötigen. Also vom Plan ein wenig abweichen.

Da Paula aber noch etwas verunsichert scheint, achtet Ires darauf, eine sichere und gut befahrbare Strecke für ihre Tour zu wählen.

✔ Fahrtende

Die Fahrt endet am Startpunkt. Beide schauen auf die Route, die Ires auf der Karte markiert hat. Bei den Pausen hatten Ires ab und zu einen Blick auf die zurückgelegte Strecke geworfen. Manchmal wollte Paula sogar selbst schauen.

Paulas Eltern warten schon am Startpunkt und freuen sich, dass Paula am Ende so fröhlich ist, obwohl sie doch am Anfang noch so gestresst aussah.

Ires ist stolz darauf, dass Paula die gesamte Tour bei ihr geblieben ist und nicht unerwartet aufgegeben hat. Das sagt sie auch Paula und winkt ihr zu, während Paula von den Eltern umarmt nach Hause läuft.

Nun ... Konnten Sie die Analogie erkennen? Ja? Nein? Wir helfen gerne!

Die Fahrradtour ist die Sprachförderung selbst. Paula nimmt gerade an der Sprachförderung teil, die von Ires geleitet wird. Sie lernt Deutsch als Zweitsprache in der Schule; zuhause spricht sie hauptsächlich eine andere Erstsprache. Sie wurde in ihrem Heimatland eingeschult und besuchte dort die erste und die zweite Klasse, bevor sie nach Deutschland kam. Paula stellt während der Sprachförderung viele Ähnlichkeiten zwischen ihren beiden Sprachen her. Manchmal überträgt sie Ausdrücke ihrer Erstsprache ins Deutsche. Darüber freut sich Ires, weil sie daran erkennen kann, dass Paula fleißig lernt.

Die Nahrung der Sprachförderung ist einerseits das Wissen der Förderkraft über Sprache, Spracherwerb und Sprachdiagnose und andererseits ihre Organisations-, Anpassungs- und Gestaltungsfähigkeit.

Sie wäre nicht professionell,

✔ wenn sie nicht wüsste, wie ihr eigenes Fahrrad ausgestattet ist, mit anderen Worten, wenn sie sich ihres eigenen Sprachgebrauchs und Sprachwissens nicht bewusst wäre. Wenn sie nicht wüsste, wie das Fahrrad von Paula sich von dem der Förderkraft unterscheidet. Mit anderen Worten, nicht wüsste, wie der Sprachstand von Paula ist.

✔ wenn sie ohne Rücksicht auf die Beschaffenheit des Fahrweges oder auf das Fahrtempo von Paula fährt. Mit anderen Worten, wenn sie sich nicht auf den Spracherwerb und das Umfeld von Paula einstellt.

✔ wenn sie keine Baguettes hätte oder nicht wüsste, woraus sich die Baguettes für eine effiziente Fahrweise zusammensetzen müssen. Mit anderen Worten, nicht wüsste, welche Förderbereiche in der Sprachförderung wann aufgenommen werden müssen.

Was können Lehrkräfte tun?

Jede Lehrkraft ist zugleich auch eine Sprach*förder-* und Sprach*forder*kraft. Zu den Aufgaben einer Lehrkraft zählt auch, dass sie jedes Kind seinen Möglichkeiten und seinem Entwicklungsstand entsprechend fordern und fördern soll.

Wie können Sie das tun? Ein Vorschlag:

Sie können in Ihren Unterricht (egal, ob Chemie, katholische Religion oder Kunst) sprachförderliche Unterrichtsmuster wie die Beispiele in der Tabelle 3.1 einbauen.

Planungsschritte	Sprachliche Anforderung (Beispiel)	Sprachförderliches Angebot (Beispiel)
Lehrkraft macht sich die sprachlichen Anforderungen, die mit der Erarbeitung eines bestimmten Themas einhergehen, bewusst und benennt diese.	Konditionalsätze zur schriftlichen Wiedergabe der Beobachtungen im Experiment mit Magneten	Teilformulierte Satzmuster mit »wenn ..., dann ...«
Lehrkraft macht die Aufgabenstellung in Arbeitsaufträgen zum Lerngegenstand und knüpft diese an das fachliche Lernen an.	Zur Aufgabenstellung: *Vergleiche deine Bildbeschreibung mit den Beschreibungen von anderen Kindern.* Passende Ausdrucksmuster für das mündliche Vergleichen	Im Vergleich zu meinem Bild ... dieses Bild ... Während dieses Bild ... hat mein Bild ... Im Gegensatz zu ...
Lehrkraft sichtet schwierige Texte und erstellt sprachförderliche Lernhilfen.	einen Comic in einen Text umwandeln, dabei wörtliche Rede nutzen	Figuren mit Sprechblasen vorbereiten (gegebenenfalls Redebeiträge vorausfüllen oder von Schülern füllen lassen) eine Vorauswahl mit passenden Redeverben treffen

Tabelle 3.1: Sprachförderliche Unterrichtsmuster

Wie wir im ersten Kapitel bereits gesehen haben, ist der Fachunterricht von Sprache nicht wegzudenken. Fachwissen und Sprachwissen gedeihen gemeinsam und beeinflussen sich gegenseitig. Eine sprachförderlich agierende Lehrperson achtet auf diesen Zusammenhang und gibt Tipps und Tricks, wie das Lernen im Fach trotz sprachlicher Hürden gelingen kann.

Förderkräfte sind Vorbilder

Kein Mensch ist allwissend, wohl aber ein Vorbild. Sowohl Förderkräfte als auch Lehrkräfte sind sprachliche Vorbilder. Sie sprechen, erklären, beschreiben sprachbewusst, das heißt,

✔ sie achten auf eine angemessene Sprechweise, Betonung und Sprechgeschwindigkeit.

✔ sie gebrauchen bewusst bestimmte Sprachmuster und gestalten damit die sprachliche Umgebung des Kindes während der Interaktion gezielt.

✔ sie bauen bildungssprachliche Elemente ein und achten auf eine präzise Ausdrucksweise.

✔ sie machen mündliche wie schriftliche Sprachangebote (vor allem bei schwierigen Themen oder dem intensiven Sprachförderbedarf).

✔ sie vermittelt dem Kind ein positives Gefühl von Lernen: Was man noch nicht weiß, kann man noch lernen.

Förder- und Lehrpersonen sind nicht nur Vorbilder im Sprachgebrauch, sondern auch im Verhalten (das betrifft uns doch alle). Wir möchten hier natürlich nicht das große Buch menschlichen Verhaltens aufschlagen, sondern das Augenmerk auf das Recherchieren legen.

Wenn ein Kind etwas Bestimmtes nicht kennt (zum Beispiel den Artikel eines Nomens oder die Bedeutung eines Wortes), kann man mit ihm wunderbar das Recherchieren üben. Es ist dabei durchaus legitim oder sogar erwünscht, wenn es glaubwürdig erscheint, den Unwissenden zu spielen (»Da bin ich mir nicht sicher und müsste selbst nachschlagen. Sollen wir das gemeinsam tun?«). Sie können – je nach Situation – das Recherchieren vormachen oder das Kind bei der Recherche supporten. Wichtig ist, dass das Kind begreift, dass es für die Schließung von Wissenslücken auch selbst verantwortlich ist. Wir empfehlen Ihnen, in gewissem Grad mit den Grenzen des eigenen Wissens offen umzugehen (oder so zu tun als ob), um ein positives Lerngefühl herbeizuführen.

Für Kinder ist es also Vorbild und Ermutigung zugleich, wenn sie verstehen, dass wir alle, nicht nur sie, »noch unterwegs sind«. Ermutigen Sie die Kinder, zu recherchieren, eigenes Wissen zu hinterfragen, zu überdenken oder zu bestätigen. Dem Kind ist schließlich zu vermitteln: Sprache ist nie ein fertiges Produkt, sondern ein Werk im Entstehen und im Wandel, das mit der Sprachgemeinschaft ständig mitwächst und sich verändert.

Wichtige Aussagen des Kapitels in aller Kürze:

✔ Gute Förderkräfte haben ein breites Sprachwissen, und verstehen, wie sie damit in der Praxis wirksam umgehen können.

✔ Gute Förderkräfte können ihre Praxiserfahrungen und das »trockene« Wissen aus dem Lehrbuch gut verschränken und die Sprachförderarbeit so lernförderlich gestalten.

✔ Gute Förderkräfte switchen – je nach Kontext – zwischen einer linguistischen (im Fachkontext) und einer pädagogischen Sprache (in der Sprachförderpraxis).

Bevor wir zum nächsten Teil übergehen …

 Reflektieren Sie über Ihre eigenen Kompetenzen. Notieren Sie:

Warum sind Sie eine gute Förderkraft?

Was brauchen Sie noch, um noch fitter zu werden?

Fassen wir kurz zusammen:

Sprache ist ein zentraler Bestandteil schulischer Bildung und erfordert, trotz ihres natürlichen Erwerbs in alltäglichen Kontexten, einen systematischen Ansatz, um die komplexen Anforderungen des Unterrichts zu erfüllen. Im schulischen Umfeld müssen Schüler unterschiedliche Sprachformen beherrschen, von der Alltagssprache bis hin zur Fach- und Bildungssprache, was einen differenzierten und sensiblen Umgang mit Sprache notwendig macht.

Sprachförderung greift gezielt ein, wenn Schüler Schwierigkeiten im Umgang mit diesen Schulsprachen haben, und bietet maßgeschneiderte Unterstützung, die sich von den Zielen des regulären Unterrichts abhebt. Mit einem klaren Fokus auf den Aufbau eines sprachlichen Grundrepertoires schafft sie die Grundlage für ein erfolgreiches Sprach- und Fachlernen und erhöht die Chancengleichheit in der Bildung.

Sprachförderung ist eine wichtige pädagogische Intervention, die darauf abzielt, durch gezielte Eingriffe die Sprachkompetenzen von Kindern positiv zu entwickeln. Sie kombiniert häufig additive und integrierte Ansätze, um eine flexible und bedarfsorientierte Förderung zu gewährleisten. Während in Kitas vor allem alltagsintegrierte Maßnahmen Anwendung finden, setzen Schulen verstärkt auf additive und fachintegrierte Förderformate. Diese Vielfalt an Methoden ermöglicht es, individuell auf die Bedürfnisse der Kinder einzugehen und ihre sprachlichen Fähigkeiten nachhaltig zu stärken.

Gute Förderkräfte zeichnen sich durch ihr umfassendes Sprachwissen aus und die Fähigkeit, dieses in der Praxis gezielt und wirksam einzusetzen. Sie schaffen es, theoretisches Wissen und praktische Erfahrungen sinnvoll zu verbinden und so ihre Sprachförderarbeit optimal auf die Bedürfnisse der Lernenden auszurichten. Dabei agieren sie flexibel, indem sie – je nach Kontext – zwischen fachsprachlicher Präzision und einer für die Praxis geeigneten, verständlichen Sprache wechseln. Diese Balance ermöglicht nicht nur eine fundierte Förderung, sondern auch eine vertrauensvolle und wirksame Kommunikation mit Kindern, Eltern und Kollegen.

Teil II
Sprache und Sprachkompetenz verstehen

✔ Sprache erfüllt grundlegende menschliche Bedürfnisse nach Ausdruck, Wissen und sozialer Bindung, da sie Kommunikation ermöglicht.

✔ Sprachkompetenzen umfassen sowohl die mündliche als auch die schriftliche Kommunikation.

✔ In der Sprachförderung liegt der Schwerpunkt insbesondere auf der Entwicklung mündlicher Sprachkompetenzen.

Kapitel 4

Nicht ohne Sprache!

Dass wir mit anderen sprechen und sie verstehen können, zeigt, dass wir über Sprachkompetenzen verfügen. Sie zeigen allerdings ein unterschiedliches Ausmaß. Mithilfe der Sprachförderung sollen fehlende beziehungsweise noch wenig entwickelte Sprachkompetenzen weitgehend ausgeglichen werden. Was diese Kompetenzen sind, stellen wir Ihnen im Folgenden vor.

Der Begriff Sprachförderung setzt sich aus *Sprache* und *fördern* zusammen. Fördern bedeutet, etwas zu tun, Aufwendungen oder Maßnahmen zu treffen, die jemanden in seiner Entwicklung voranbringen oder unterstützen. Die Person wird durch die Förderung dazu befähigt, ein bestimmtes Ziel (Fertigkeit, Haltung, Anschaffung) zu erreichen. Wozu soll die Person befähigt werden, wenn der Lerngegenstand Sprache ist? Was ist Sprache?

Wir nehmen Sie nun mit auf eine Reise durch das System Sprache und kommen nach und nach der Beziehung zur Sprachförderung näher.

Sprache ist ein System verbaler, also lautlicher Zeichen, das der Menschheit als Kommunikationsmittel (um sich anderen gegenüber mitzuteilen) und als Werkzeug des Denkens (um Ideen zu organisieren, Klarheit zu schaffen) dient. Sprache wird mündlich realisiert und entwickelt sich bei gegebener körperlicher und geistiger Gesundheit durch natürliche Reifungsprozesse, nämlich ohne bewusste Lenkung oder Unterricht. Dies geschieht vorwiegend auf der Grundlage des sozialen menschlichen Miteinanders. Ab einem Alter von etwa 1,5 bis 2 Jahren gibt es sichtbar sprunghafte Fortschritte in der Sprachentwicklung. Die Kinder beginnen, ihre ersten Wörter auszusprechen. Doch davor verstehen sie schon so einiges.

Wozu Sprache?

Sprache erfüllt drei zentrale Funktionen:

- ✔ miteinander kommunizieren
- ✔ Erkenntnisse gewinnen
- ✔ eine Gemeinschaft bilden und an ihr teilhaben

Diese Funktionen von Sprache entsprechen den menschlichen Grundbedürfnissen nach persönlichem Ausdruck, nach Lernen und Wissen und nach sozialer Bindung. Wir nutzen Sprache, um miteinander zu kommunizieren; wir nutzen sie, um unsere Gedanken zu klären und zu ordnen. Durch die Nutzung einer gemeinsamen Sprache fühlen wir uns einer Gemeinschaft zugehörig.

Mit Sprache vollziehen wir Handlungen, die Konsequenzen für uns und andere haben. Wir argumentieren, überzeugen, urteilen, entschuldigen uns, einigen uns, beleidigen jemanden und vieles mehr.

Um zu verstehen, wie wir Sprache nutzen, müssen wir uns die Beteiligten näher anschauen: den Sender (Sprecher), den Empfänger (Zuhörer) und das Medium (Luft).

Das Medium ist bei direkter mündlicher Kommunikation in der Regel die Luft (siehe Abbildung 4.1). Sie überträgt durch Schwingungen das Gesagte (Nachricht). Der Empfänger nimmt das Gesagte wahr, interpretiert es und gibt gegebenenfalls eine Antwort. Indem er antwortet, wird der Empfänger zum Sender. Kommunikation entsteht. Sender und Empfänger können als Medium natürlich auch technische Geräte nutzen, die – wie die Luft – die Übertragung übernehmen. Fernsprecher wie Telefon, Radio oder Computer haben sich bereits als alltägliche Kommunikationsgeräte etabliert.

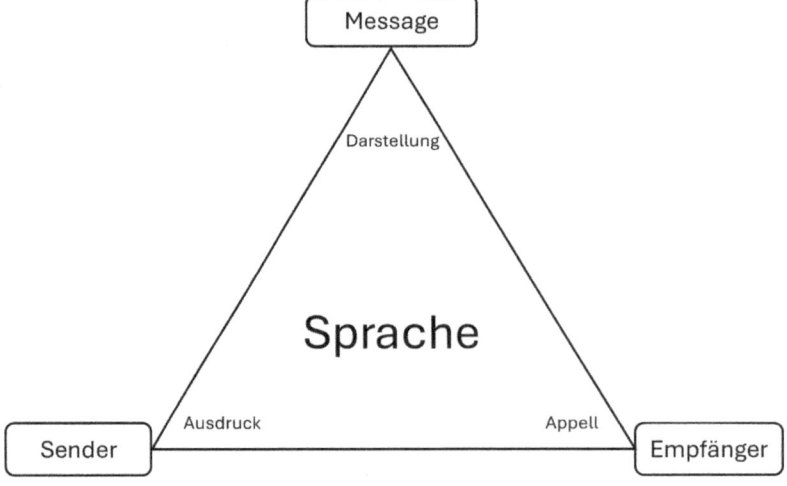

Abbildung 4.1: Organonmodell nach Bühler

Der Sender (Sprecher) muss über produktive Sprachkompetenzen verfügen, um eine Mitteilung zu äußern, der Empfänger (Zuhörer) verfügt über rezeptive Sprachkompetenzen, um zu verstehen, was gesagt wurde, und darauf angemessen zu reagieren. Zum Kommunizieren sind demnach produktive (ausdrucksbezogene) und rezeptive (verstehensbezogene) Fähigkeiten grundlegend.

Dieses einfache Modell lässt sich in der Regel auf alle sprachlichen Interaktionen anwenden. Wenn es allerdings um schriftliche Kommunikation geht, ändern sich die Anforderungen. Einer der wichtigsten Unterschiede zeigt sich in den veränderten rezeptiven und produktiven Fähigkeiten. Während Sprechen und Verstehen durch natürliche und spontane Interaktion entstehen, erfordert schriftliche Kommunikation gezielte Anleitung, damit der Sender zunächst schreiben lernt und der Sender lesen lernt. Die produktiven (Schreibfähigkeiten) und die rezeptiven (Lesefähigkeiten) gehen auch mit anderen körperlichen Sinneswahrnehmungen einher: mit den Augen statt den Ohren (Empfänger beim Lesen) und mit der Handmotorik statt mit der Lautbildung (Sender beim Schreiben). Doch das sind nicht die einzigen Unterschiede zwischen mündlicher und schriftlicher Sprache!

Wir schreiben und sprechen

Die Besonderheit der Schrift ist, dass sie bleibt und über eine lange Zeit aufbewahrt werden kann. Mündliche Sprache ist dagegen flüchtig. Was im Gespräch gesagt wird, können sich weder Sprecher noch Zuhörer über eine längere Zeit genau merken. Die Möglichkeiten, Ton- und Bildaufnahmen aufzubewahren, sind viel später entstanden, und die technischen Erfordernisse (Geräte, Strom u. a.), um Ton- und Bildaufnahmen zu speichern, sind um einiges komplexer als die Arbeit mit Stift und Papier.

Schrift erlaubt uns,

- ✔ Informationen über eine lange Zeit zu speichern,
- ✔ komplexe Gedankengänge nachvollziehbar zu machen,
- ✔ diese Gedankengänge anderen zugänglich zu machen,
- ✔ und das, ohne dass der Schreiber anwesend sein muss.

Die Erfindung der Schrift war somit der **Grundstein** unserer Wissensgesellschaft und ermöglichte die Bildung größerer Gesellschaftsgruppen, denn Gesellschaften organisieren sich um das geteilte Wissen herum.

Der Ursprung von Schriftsystemen liegt unter anderem im Wirtschaftlichen. Es begann mit einfachen Notationssystemen wie ein Strich auf einem Stein. Der Strich stand beispielsweise für den Besitz einer Kuh. Zwei Striche standen dann für zwei Tiere. Demnach handelte es sich bei dieser Nutzung noch um Symbolsysteme. Symbole vermitteln eine Bedeutung, aber sie geben nicht vor, was man aussprechen soll, wenn das Symbol gesehen wird (siehe Abbildung 4.2).

Abbildung 4.2: Symbole

Was sagen diese Symbole? Wie nennen Sie diese Schilder?

Ein großer Fortschritt wurde mit der Einführung der Lautschrift gemacht. Ab diesem Moment konnte man die genaue Aussprache einer Mitteilung eindeutig erfassen. Alphabetische Schriftsysteme ermöglichen es uns, das Geschriebene nicht nur zu verstehen, sondern auch so auszusprechen, wie es gesagt werden soll (siehe Abbildung 4.3).

Abbildung 4.3: Ein internationales Symbol in verschiedenen Sprachen

Unsere heutige Gesellschaft bedient sich einer Reihe von Symbol- und Schriftsystemen für Situationen des Alltags: Verkehr, Medien, Telefonie, Handwerk sowie den speziellen Fachgebieten (u. a. Mathematik, Musik, Medizin, aber auch Strickanleitungen). Kinder begegnen von klein auf diesen Symbolen und Schriften in ihrer Umgebung und nutzen sie bereits im frühen Kindesalter. Kindertagesstätten sind voller Symbole, damit die Kinder sich orientieren können: Wo sind Toiletten? Wer darf seine Jacke an diesem Haken aufhängen? Wie alt wird das Geburtstagskind? 4 Kerzen gleich 4 Jahre!

Nach dem Erfassen von Symbolen müssen Kinder in der Kita für das Erlernen der Schriftsprache vorbereitet werden. Die Förderung der Vorläuferfähigkeiten des Schriftspracherwerbs (wie zum Beispiel Vorleseerfahrungen) kann (und soll) bereits früh zum Alltag der Kinder gehören.

Obwohl die Schrift sich auf die gesprochene Sprache bezieht, stellt sie keine Eins-zu-eins-Übertragung von mündlichen in schriftliche Aussagen dar. Gesprochene und geschriebene Sprache unterscheiden sich in verschiedenen Merkmalen (siehe Tabelle 4.1).

Gesprochene Sprache	Geschriebene Sprache
mündlich realisiert, lautlich medialisiert	schriftlich realisiert, graphisch medialisiert
spontan	geplant
flüchtig	dauerhaft
simultan, dialogisch, nah	raum-zeitlich distanziert, monologisch

Tabelle 4.1: Merkmale von gesprochener und geschriebener Sprache

Schriftsprache unterscheidet sich von der gesprochenen Sprache durch komplexere Sätze, präziseren Wortschatz, dichte Informationen und einen klaren, logischen Aufbau. Da es beim Schreiben keine Möglichkeit gibt, das Gegenüber (Sender/Schreiber) bei Unverständnis oder Unklarheiten zu fragen, stehen Kinder und Jugendliche (Empfänger/Leser) beim Lesen- und Schreibenlernen vor großen sprachlichen und kontextbezogenen Herausforderungen. Beim Lesen müssen sie ein bestimmtes Vorwissen zum Thema mitbringen, komplexere, verdichtete Sätze verstehen und Schlussfolgerungen ziehen können, denn Texte enthalten sehr viele implizite Informationen. Eine bestimmte Wortwahl (neutral, abwertend, lobend) oder Ausdrucksweise (bestimmt, abwägend) kommuniziert beispielsweise Absichten der Autoren mit, ohne sie explizit zu nennen. Beim Schreiben müssen sie die Perspektive des Lesers einnehmen, sein Vorwissen einschätzen, eine angemessene sprachliche Ausdrucksform finden und die eigenen Absichten kennen und einbringen.

Das Nähe-Distanz-Modell von Koch und Oesterreicher (siehe Abbildung 4.4) zeigt das Verhältnis zwischen Medium, Ort und Inhalt der Mitteilung. Das Kommunikationsquadrat von Schulz von Thun in Abbildung 4.5 ergänzt dieses Kommunikationsmodell um einen wesentlichen Aspekt, der gerade in der pädagogischen Beziehung nicht übersehen werden darf, den Beziehungsaspekt.

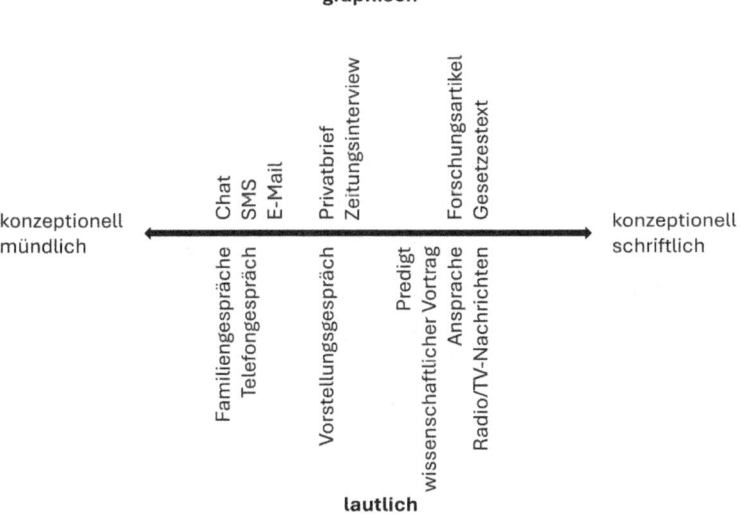

Abbildung 4.4: Dimensionen der gesprochenen und geschriebenen Sprache

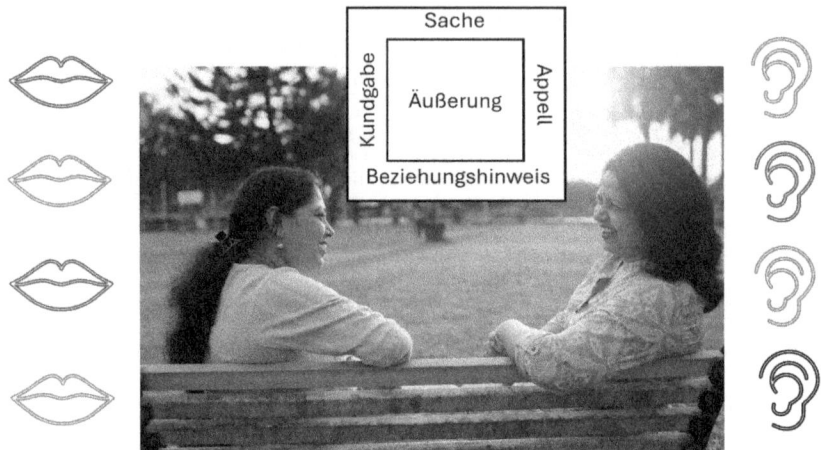

Abbildung 4.5: Das Vier-Ohren-Modell

Neben dem Aspekt der Medialität (schriftliche oder mündliche Mitteilung und Austausch), des Ortes (zum Beispiel Schulfest oder Elterngespräch) und des Inhalts (zum Beispiel Beratung oder Rechtfertigung), spielt in der Kommunikation der Aspekt der Selbstauskunft eine zentrale Rolle. Jede Person gibt mit ihren Äußerungen etwas über sich selbst preis. Gleichzeitig sind Äußerungen oft mit einer Bitte verbunden. Wir möchten die anderen in der Regel zu einer Handlung bewegen. Erkennen wir die Bitte und die Selbstauskunft in der täglichen Kommunikation mit Kindern und Jugendlichen, eröffnen sich uns große Möglichkeiten einer besseren Verständigung und somit einer besseren Sprachförderung und Beziehungsarbeit.

 Hans sagt: »Die Maria hat meine Stifte mitgenommen.«

Wie reagieren Sie? Auf welchen Aspekt gehen Sie mit Ihrer Antwort ein?

a. Sachinhalt (Die Stifte hat jetzt Maria.): »Hast du jetzt keinen Stift?«

b. Selbstoffenbarung (Ich möchte nicht, dass Maria meine Stifte hat.): »Hast du ihr es erlaubt?«

c. Appell (Bitte hilf mir, die Stifte wiederzubekommen.): »Möchtest du, dass ich sie nach den Stiften frage?«

d. Beziehungshinweis (Ich vertraue darauf, dass du mir hilfst, die Stifte wiederzubekommen.): »Warte Hans, wir sprechen gleich mit Maria.«

Oder berücksichtigen Sie alle vier Aspekte? (Erinnern Sie sich an Ailan und Ken aus **Sprache ist bildungsrelevant**?)

Man kann auf die verschiedenen Aspekte eingehen oder einen davon bevorzugen oder außer Acht lassen. Auch bei der Sprachförderung gilt es, bewusst diese verschiedenen Aspekte der Kommunikation zu berücksichtigen, um die pädagogische Beziehung zu stärken.

Wichtige Aussagen des Kapitels in aller Kürze:

✔ Sprache ist ein natürlich entwickeltes, lautliches Zeichensystem, das Menschen zur Kommunikation und zum Denken dient und sich weitgehend durch soziale Interaktion ohne bewusste Anleitung entfaltet.

✔ Die mündliche Sprache ist flüchtig, während die Schriftsprache als kulturelle Errungenschaft die Speicherung und Übermittlung von Informationen über lange Zeiträume ermöglicht.

✔ Neben dem Mitteilungsbedürfnis gehen wir in der Kommunikation mit anderen Personen Beziehungen ein: Zum einen offenbaren wir persönliche Auskünfte und zum anderen appellieren wir an den Empfänger, der für uns etwas Bestimmtes tun soll.

Wir haben in diesem Kapitel gezeigt, dass Kommunikation ein komplexes Handeln ist, das eine Vielfalt an Kompetenzen erfordert. Eine Sprache zu beherrschen, bedeutet, dass das Kind während der Kommunikation intuitiv die eigene Rolle und die der anderen versteht, und in der Lage ist, darauf sprachlich angemessen zu reagieren. Die Reaktion berücksichtigt dann die eigenen Wünsche und Absichten sowie die des Gesprächspartners, den Kontext und schließlich die Situation. Wie sollen wir Sprachkompetenz nun genau verstehen?

Kapitel 5
Was ist Sprachkompetenz?

In der Psychologie wird der Begriff »Kompetenz« als eine Sammlung von Fähigkeiten und Fertigkeiten einer Person beschrieben. Diese Kompetenzen entwickeln sich durch Lernen und Erfahrung und zeigen sich, wenn man bestimmte geistige, körperliche oder emotionale Herausforderungen bewältigt. Beim Meistern von sprachlichen Anforderungen – ob man die Oma begrüßt oder eine Rede beim Schulfest hält – spielen neben sprachlichen Fähigkeiten auch Motivation, Interesse und das Selbstvertrauen in die eigenen Fähigkeiten eine wichtige Rolle. In unserem Buch liegt der Fokus jedoch auf den sprachlichen Kompetenzen.

Sowohl die rezeptiven Fähigkeiten (Zuhören und Lesen) als auch die produktiven (Sprechen und Schreiben) beziehen sich auf verschiedene Bereiche der Sprache, die zusammen wichtig für das Verstehen und eine erfolgreiche Kommunikation sind.

Sprachkompetenz umfasst folgende Fähigkeitsbereiche , die wir kurz erwähnen möchten:

✔ Fähigkeiten im phonetischen und phonologischen Bereich, die sich auf Aussprache und Hörverständnis beziehen,

✔ semantische Fähigkeiten, die sich auf die Bedeutung von Wörtern und Sätzen beziehen,

✔ morphosyntaktische Fähigkeiten, die sich auf die grammatische Korrektheit und Angemessenheit von Äußerungen beziehen,

✔ pragmatische Fähigkeiten, die sich auf den angemessenen Sprachgebrauch in der Interaktion mit anderen und das Erkennen von Absichten in sprachlichen Handlungen beziehen, und

✔ diskursive Fähigkeiten, die sich auf die Anwendung von Mustern und Schemata zur effektiven Kommunikation beziehen. Diese sind auch kulturell geprägt.

Kompetent, kompetenter, am ...?

Die Entwicklung sprachlicher Fähigkeiten beginnt bereits im Mutterleib und nimmt im Säuglings- und Kleinkindalter rasch Fahrt auf. Babys lernen schnell, die Laute und den Rhythmus ihrer Muttersprache von anderen Sprachen zu unterscheiden. Zunächst durchlaufen sie eine Phase, in der sie Laute bilden, die universell sind und von allen Babys auf der Welt geübt werden (1. Lallphase). Diese intuitiven Übungen bereiten sie auf die Bildung von Sprachlauten vor (phonetische Fähigkeiten).

Kurz darauf beginnen Babys, die Laute und Silben ihrer eigenen Muttersprache gezielt zu formen (phonologische Kompetenz). Mit etwa 1 Jahr kommen dann die ersten erkennbaren Wörter – ein wichtiger Meilenstein, denn nun verstehen sie, dass diese Wörter Dinge oder Personen benennen (semantische Kompetenz).

Diese ersten Wörter ermöglichen es ihnen, aktiv mit anderen in Kontakt zu treten. Dabei entstehen einfache Dialoge, die oft von Erwachsenen gelenkt werden (pragmatische Kompetenz). Die ersten sprachlichen Handlungen sind meistens von Gesten begleitet und finden vor allem in der unmittelbaren Umgebung und mit anwesenden Personen statt (siehe Abbildung 5.1).

Abbildung 5.1: Kind sagt Hallo

Die Art und Weise, wie Eltern und Erwachsene im Allgemeinen zu Babys sprechen, spielt für die Entwicklung von Sprachkompetenzen eine grundlegende Rolle.

 Stellen Sie sich vor: Sie schauen gerade das 6 Monate alte Baby Ihrer Freundin an. Wie würden Sie mit dem Baby sprechen?

Die Sprache, die Erwachsene an Babys richten, unterscheidet sich von der Sprache zwischen Erwachsenen. Sprechen wir zu Babys, nutzen wir bestimmte Sprachmuster, um

die Sprachentwicklung des Kindes anzuregen. Das tun wir intuitiv, ohne Anleitung (siehe Abbildung 5.2). Wir ...

✔ ... halten einen direkten Blickkontakt,

✔ ... sprechen mit deutlicher Betonung,

✔ ... nutzen eine überdeutliche Sprachmelodie und einen markanten Sprachrhythmus,

✔ ... sprechen langsam und machen deutliche Sprechpausen,

✔ ... nutzen kurze Sätze und variieren die Satzstruktur wenig,

✔ ... wiederholen unsere Aussagen mehrmals hintereinander,

✔ ... begleiten unser Tun mit der Beschreibung unserer Handlung,

✔ ... stellen viele Fragen, auch wenn das Kind verbal nicht antworten kann,

✔ ... beantworten unsere Fragen an das Kind selbst,

✔ ... nicken viel und bestätigen das Baby in seinem Tun,

✔ ... sind freundlich, sprechen mit angenehmer Stimme und

✔ ... lächeln viel.

Abbildung 5.2: Sprache, die sich an Babys und Kinder richtet

Könnten Sie erklären, wie die Merkmale der Elternsprache die Sprachentwicklung fördern? Und ob einige dieser Merkmale auch auf die Sprachförderung übertragbar sind?

Wie lernen Kleinkinder »neue« Sprachen?

Kinder, die nach dem Erwerb ihrer Muttersprache eine weitere Sprache in einer natürlichen, ungezwungenen Umgebung, wie beispielsweise in der Kita, lernen, profitieren von einer an das Kind gerichteten Sprache, die an seinen aktuellen Sprachstand angepasst ist. In Deutschland besuchen zunehmend Kinder den Kindergarten und die Schule, die vorher wenig oder gar keinen Kontakt zur deutschen Sprache hatten. Sie lernen Deutsch als Zweitsprache.

Deutsch als Zweitsprache (DaZ): Kinder lernen Deutsch in einer deutschsprachigen Umgebung, zum Beispiel in der Kita oder in der Schule.

Deutsch als Fremdsprache (DaF): Deutsch wird in nicht deutschsprachigen Regionen in der Kita und/oder im Unterricht als Fremdsprache gelernt.

Ein Unterschied zu Kindern mit Deutsch als Erstsprache besteht darin, dass Kinder mit Deutsch als Zweitsprache die deutsche Sprache nicht von Geburt an lernen, sondern erst später, zum Beispiel mit dem Eintritt in den Kindergarten. Ihre Sprachkompetenzen können sich von denen der Kinder mit Deutsch als Erstsprache oder auch untereinander in verschiedenen Kompetenzbereichen zu bestimmten Zeiträumen wenig bis stark unterscheiden.

✔ Die Sprachkompetenz von Kindern mit DaZ variiert stark und hängt von vielen individuellen, familiären und gesellschaftlichen Faktoren ab.

✔ Es ist daher nicht möglich, eine allgemeine Aussage über den Sprachstand eines Kindes zu treffen, ohne genügend Informationen über das Kind und seine Lernumgebung zu sammeln (siehe Kapitel 6, Abschnitt »Förderung nicht ohne Diagnose und umgekehrt«).

Bevor Sie mit der Sprachförderung starten, sollten Sie einige relevante Informationen über die Mehrsprachigkeit des Kindes sammeln. Zum Beispiel:

✔ Wann hatte das Kind den ersten Kontakt mit der deutschen Sprache?

✔ Wie oft nutzt das Kind die deutsche Sprache?

✔ Welche Sprache nutzt das Kind wo, mit wem, wie oft?

Sprache ist nicht nur ein Werkzeug zur Kommunikation, sondern spielt auch eine wichtige Rolle für die Identitätsbildung. Sie schafft ein Gefühl der Zugehörigkeit zu einer oder mehreren Sprachgemeinschaften. Eine gute Sprachförderkraft respektiert die sprachlichen Identitäten des Kindes und berücksichtigt sie, wenn immer möglich, bei der Sprachförderplanung.

Was hat der Migrationshintergrund mit der Sprachkompetenz zu tun?

Ein Begriff, der oft in Zusammenhang mit Mehrsprachigkeit und Sprachförderbedarf gebracht wird, ist Migrationshintergrund. Das Statistische Bundesamt definiert Migrationshintergrund wie folgt:

Wer die deutsche Staatsangehörigkeit nicht durch Geburt besitzt oder mindestens einen Elternteil besitzt, bei dem das der Fall ist, hat einen Migrationshintergrund.

Quelle: Migrationshintergrund: Definition - Statistisches Bundesamt

Aus dieser Definition wird offensichtlich, dass ein Migrationshintergrund in keiner Weise an Sprachkompetenzen geknüpft ist. Für die Sprachförderung bedeutet dies, dass Kinder mit ausländischen Eltern oder eingebürgerten Eltern, die in Deutschland aufgewachsen sind, nicht zwangsläufig einen Sprachförderbedarf haben. Kinder von deutschen Eltern, die im Ausland geboren sind, haben zwar keinen Migrationshintergrund, könnten aber einen Sprachförderbedarf aufgrund ihres Aufwachsens in einer nicht deutschsprachigen Umgebung haben.

 Es gilt also, den Sprachstand der Kinder und Jugendlichen zu kennen, denn die Zuordnung zur Gruppe der Kinder mit Migrationshintergrund enthält keine Aussage über die Sprachkompetenzen.

Möchte man einen ersten Eindruck über die Sprach- und kommunikativen Kompetenzen von Kindern oder Jugendlichen bekommen, bezieht man sie zunächst in Gespräche ein.

Gespräche sind der Motor der Sprachförderung. Indem Sie mit den Kindern Gespräche führen, fördern Sie ihre sprachlichen und kommunikativen Kompetenzen. Wir nutzen mündliche Sprache im Wesentlichen, um uns mit anderen auszutauschen und zu verständigen. Sich verständigen bedeutet aber nicht zwangsläufig Friede, Freude, Eierkuchen. Sich zu verständigen bedeutet, unsere Absichten deutlich zu kommunizieren. Wenn ich verärgert bin und jemanden beschimpfen möchte, erreiche ich, dass diese Person sich meines Ärgers bewusst wird, indem ich beispielsweise eine bestimmte Tonlage oder einen entsprechenden Wortschatz nutze.

Es gehören immer zwei dazu

Ein Zwiegespräch (Dialog) ist das grundlegendste Muster der menschlichen Kommunikation. Zwei Menschen tauschen sich mündlich miteinander aus. Dabei lässt der eine sich auf den anderen ein. Im Gespräch können Bedeutungen geklärt und präzisiert werden. Man kann nachfragen, ergänzen, sich vergewissern, ob der andere alle Hintergrundinformationen zu dem Thema besitzt (»Kennst du Lisa, die junge Politikerin?«).

Das geteilte Wissen wird mit neuem Wissen angereichert (»Sie wechselt jetzt die Partei.«). Im Gespräch passen wir unsere Aussagen stets dem (angenommenen) Wissensstand des anderen an, und zwar sowohl thematisch als auch formal. Das bedeutet, wir sprechen mit Kindern anders als mit Erwachsenen, mit Kindern aus unserer Familie anders als mit unbekannten Kindern in der Schlange im Supermarkt. Wir sprechen mit älteren Menschen anders als mit jungen Erwachsenen. Wir sprechen mit Polizisten anders als mit unseren Kollegen. Die Beherrschung dieser verschiedenen Nuancen im Sprachverhalten ist auch Teil der Gesprächskompetenz. Also nicht allein thematische Inhalte sind relevant, sondern auch die Form des Gesagten und das Beziehungsgefüge, in dem wir uns im Gespräch befinden.

Jede Gesprächssituation setzt sich aus verschiedenen Dimensionen zusammen. Wenn wir Gespräche analysieren, um zum Beispiel zu verstehen, warum sie besser oder schlechter gelingen, können wir die einzelnen Gesprächsdimensionen fokussieren, um herauszufinden, wo die Schwierigkeiten oder die mangelnden Voraussetzungen für das Gelingen liegen.

Die fünf Dimensionen der Gesprächskompetenz sind nach Becker-Mrotzek u. a. folgende:

- ✔ über **Wissen** verfügen, welches das Thema des Gesprächs betrifft (zum Beispiel mit der U-Bahn fahren, Kuchen backen oder ein Fahrrad reparieren),

- ✔ die eigene **Identität** deutlich zu erkennen geben (zum Beispiel Tourist in der Stadt, »Entschuldigen Sie, ich suche den Bahnhof« oder »Ich rufe Sie aus der Schule an, wir ...«),

- ✔ Umgangsformen je nach **Beziehung** oder Bekanntheitsgrad mit dem Gesprächspartner beachten (vertraut informal oder distanziert formal: »Guten Tag, Frau Müller« oder »Hi, Karl, was gibt's?«),

- ✔ bekannte und verbreitete **Handlungsmuster** gebrauchen (zum Beispiel zu wissen, wie man Genesungswünsche ausrichtet oder zur Einschulung gratuliert),

- ✔ im Gespräch für Klarheit und **Verständigung** sorgen (zum Beispiel Aussagen des anderen wiederholen, um die Richtigkeit des Verstandenen zu bestätigen).

Bei jeder dieser Dimensionen könnte es durch unangemessenes Sprachverhalten (zum Beispiel die Frage an Passanten: »Hey, Digga, wo stehen wir hier?«) oder unzureichendes thematisches Wissen (»Wie heißt das? Ich suche etwas gegen Kälte. Eine Jacke? Oder Pullover? Ne, ich meine, wenn es regnet.«) zu Missverständnissen kommen. Diese berühren nicht allein den Sachverhalt (also das Thema), sondern auch die Beziehung zwischen den Gesprächspartnern. Die Person wird vielleicht als frech oder grob empfunden und merkt möglicherweise selbst nicht, dass ihr Verhalten etwas vermittelt, was vermutlich nicht ihre Absicht war.

Da Sprachhandlungen, also Verhalten und Erwartungen, von der jeweiligen Gesellschaftsgruppe geprägt werden, ist – bei Unkenntnis der Gepflogenheiten der Gruppe – das Risiko vorhanden, durch »unangemessenes« Verhalten oder »unbegründete« Erwartungen einem Missverständnis zu unterliegen. Im Bereich der interkulturellen Kompetenz werden solche Erfahrungen als »critical incidents« bezeichnet und systematisch in Lehrplänen berücksichtigt, damit diese Sensibilisierung zur gelungenen interkulturellen Kommunikation beitragen kann. Aber das ist eine andere Sache.

Jede Sprachgemeinschaft hat ihre Gepflogenheiten. Diese sprachlichen Standardlösungen für wiederkehrende kommunikative Aufgaben entlasten den Kommunikationsalltag. Wir bedienen uns dieser Schablonen für wiederkehrende Situationen, die eine bestimmte sprachliche Handlung erfordern. Beherrsche ich die Standardlösung, spare ich Zeit und kognitive Ressourcen. Beherrsche ich diese nicht, verursache ich vielleicht Missverständnisse, die wiederum zusätzlichen Aufwand verlangen, um das Missverständnis zu klären. Am Familientisch reden alle durcheinander, in der Schule muss man sich melden, seinen Bruder darf man unterbrechen, in der Schule darf man nicht den anderen ins Wort fallen, oder kein Ende finden, wenn man drankommt.

Die Tatsache, dass beim Sprechen, Zuhören, Verstehen und Antworten alles gleichzeitig und sehr schnell im Kopf geplant und umgesetzt wird, zeigt, wie anspruchsvoll Gespräche für unser Gehirn sind. Sie erfordern eine hohe Konzentration und gut ausgeprägte sprachliche Fähigkeiten. Wenn wir müde sind, die Sprache nicht gut beherrschen oder das Thema nicht gut kennen, wird die Kommunikation deutlich schwieriger.

Im Bereich der Sprachförderung kommt bei Situationen, in der das Kind oder der Jugendliche Schwierigkeiten hat, an Gesprächen teilzunehmen, der fünften Dimension der Gesprächskompetenz (Klarheit und Verständigung) ein hoher Stellenwert zu. Sich im Gespräch sprachförderlich zu verhalten, bedeutet, Gesprächsbeiträge einzubringen, die zur Orientierung des Kindes, zur Verständigung des Gesagten und gleichzeitig zur Kompetenzentwicklung des Kindes beitragen. Neben der Gesprächskompetenz stellt das Erzählen von realen und fiktiven Geschehnissen eine charakteristische und in den verschiedenen Kulturen fest verankerte Sprachhandlung dar. Was ist Erzählen und warum ist es in der Sprachförderung relevant?

Sprichst du noch oder erzählst du schon?

In allen menschlichen Kulturen finden wir eine Tradition des mündlichen Erzählens wieder. Oft werden Geschichten nicht nur vorgelesen, sondern auch jedes Mal neu erzählt. Sprachlich und kognitiv stellt das Erzählen eine komplexe Handlung dar. Und wie beim Gespräch finden wir kulturell geprägte Erzählmuster, die wir selbst gelernt haben und beim Erzählen selbst reproduzieren. Im Vergleich zum Gespräch erfordert das Erzählen längere Gesprächsbeiträge und eine emotionale Beteiligung des Gegenübers, um die Aufmerksamkeit aufrechtzuerhalten. Der Erzähler schafft dadurch Struktur und emotionalisiert die Zuhörer, wodurch er den sprachlichen narrativen Anforderungen ein Stück näher kommt.

Nicht alles, was länger ist und wir anderen mitteilen, ist eine Erzählung. Damit eine Erzählung als solche erkannt wird, müssen bestimmte Elemente eingebettet sein.

 »Heute bin ich aufgestanden, habe gefrühstückt und Zähne geputzt. Nachdem ich mich angezogen hatte, bin ich zum Bus gelaufen und kam pünktlich bei der Arbeit an. Der Tag lief gut und den Feierabend konnte ich genießen.«

Dieser Abschnitt ist noch keine Erzählung, sondern vielmehr eine Auflistung von Ereignissen in einer chronologischen Reihenfolge. Wie wird dieser Abschnitt zu einer Erzählung?

 »Heute bin ich (1) viel zu spät aufgestanden, habe (2) kaum gefrühstückt und mir die Zähne (3) in Windeseile geputzt. Nachdem ich mir (4) schnell das Erste übergezogen hatte, bin ich zum Bus (5) gelaufen, eher gerannt, und kam (6) zwar noch pünktlich bei der Arbeit (7), aber in Jogginghose an. Der Tag lief (8) entsprechend. Gott sei Dank, Feierabend! (9) Umziehen musste ich mich nicht mehr.«

Damit Ereignisse Erzählwürdigkeit haben (oder erlangen), müssen sie von Brüchen berichten, von unerwarteten Situationen, von plötzlichen Wendungen oder ungewöhnlichen Ereignissen. Beim ersten Beispiel fehlt der Bruch in der Alltagsroutine. Sie ist keine Erzählung, denn es kommt zu keinen unerwarteten oder plötzlichen Komplikationen. In der zweiten Erzählung tragen die Ergänzungen für Wendungen in den Ereignissen bei. Es liegt Plötzlichkeit in der Aktion der erzählenden Hauptfigur (1, 2, 3), sie vollzieht unter Zeitdruck unkontrollierte

Handlungen (4, 5, 6), sie erlebt eine plötzliche, unangenehme Einsicht nach dem hektischen Handeln (7). Zusätzlich wird Ironie (8) verwendet und die Geschichte endet mit Entlastung (9). Was diese Ereignisabfolge zur Erzählung gemacht hat, ist die Emotionalisierung und Dramatisierung der Ereignisse. Literatur ist ohne Wendungen, ohne Unerwartetes, ohne Dramatik nicht denkbar. Dokumentation von Fakten sind keine Erzählungen.

Kinder bauen durch Vorleseaktivitäten und in Alltagsgeschichten implizit eine Vorstellung von dem auf, was eine Erzählung ausmacht. Wenn sie selbst erzählen möchten, stehen sie vor einer großen Aufgabe. Herausfordernd ist stets die Strukturierung der Erzählung, die Orientierung des Zuhörers über Ort, Figuren, Zeit, in der sich die Erzählung abspielt. Auch Dramatisierung, Emotionalisierung oder Ironie erfordern ausgeprägte sprachliche und narrative Kompetenzen. Um diese Elemente einzubauen, sind ein bestimmter Wortschatz sowie satzstrukturelle und narrative Kompetenzen Voraussetzung.

Oft verwechseln die Kinder eine passende Geschichte mit außergewöhnlichen Ereignissen oder teuren Ausflügen und glauben, sie hätten am Wochenende nichts erlebt, was erzählwürdig wäre. Dies ist ein falsches Verständnis von Erzählwürdigkeit. Gerade im Alltag erfahren wir Überraschendes, Unerwartetes oder Unbegreifliches, was durch Ironie, Dramatisierung und Emotionalisierung zu einer gelungenen Erzählung werden kann.

Erzähl! – Und ich unterstütze dich ...

Beim Erzählen im Alltag spielt das dialogische Erzählen eine wichtige Rolle. Wir hören der Geschichte eines Freundes zu und fragen zwischendurch nach oder bestätigen seine Position: »Ja, so sehe ich das auch. Es ist ja unglaublich. Und was hast du dann gemacht?«

Ähnlich können Kinder animiert werden, zu erzählen. Die Rolle der Sprachförderkraft besteht darin, die Erzählung zu unterstützen. Hierzu gehört nicht allein die Unterstützung der kommunikativen Ziele entlang der Dimensionen der Gesprächskompetenz (siehe Fünf Dimensionen der Gesprächskompetenz), sondern die Unterstützung der Geschichte, sodass die Elemente der Narration zum Vorschein kommen.

Gesprächs- und Erzählfähigkeiten zählen zu den Vorläuferfähigkeiten für das schulische Lernen. Die Stärkung dieser Fähigkeiten stellen eine wichtige Aufgabe der Sprachförderung dar.

Die erste kommunikative Herausforderung besteht darin, Gespräche mit einer anderen Person zu führen. Meist sind es die Eltern oder nahe Bezugspersonen der Kinder. Die Eltern bemühen sich, die Kinder zu verstehen. Die Kinder bemühen sich, sich verständlich zu äußern und auszudrücken, was sie bewegt: Ärger, Wohlbefinden, Wünsche, Enttäuschung und vieles mehr. Eltern und nahe Bezugspersonen unterstützen diese Dialoge (Zwiegespräche) intuitiv, indem sie nachfragen, neue Wörter einführen, die das Kind (noch) nicht gebraucht, Gedanken vorformulieren und Ähnliches.

In der Schule steigen die kommunikativen Herausforderungen im Vergleich zu Kita und Elternhaus, denn das Kind muss einerseits neue Inhalte lernen, dafür muss es seinen Wortschatz erweitern, neue Satzkonstruktionen erwerben, und andererseits kommen nun auch weitere, nicht dialogische Gesprächssettings hinzu. Es lernt neue Gesprächsregeln, um sich in der Klasse zu beteiligen. Es muss seine Impulse regulieren, abwarten und erst sprechen, wenn es dran ist. Oder es muss sogar akzeptieren, dass es nicht jedes Mal drankommt und seine Idee oder Meinung nicht mitteilen kann.

Zudem muss das Kind lernen, seine Ideen und seine Meinung sprachlich so zu elaborieren (aufbereiten), dass die anderen Kinder und die Lehrkraft es verstehen: Verstehen es die anderen Kinder, wenn das Kind es so oder anders ausdrückt? Haben alle anderen Kinder genügend Vorwissen über das Thema, um es zu verstehen? Wie weit muss es ausholen, damit es alle verstehen? Wie lange kann es erzählen, bevor die anderen Kinder ihre Geduld oder den Faden verlieren? Was möchte es mit seiner Aussage erreichen? Sind ihm seine Absichten klar oder unklar?

Kommunikation ist zwar alltäglich, aber gleichzeitig etwas sehr Komplexes. Die Prozesse des Planens, des Aussprechens, des Wahrnehmens der Reaktionen und des Antwortens (was wieder planen, aussprechen etc. beinhaltet) laufen fast gleichzeitig und in Sekundenschnelle ab.

Die zweite Herausforderung in der schulischen Kommunikation besteht also darin, längere, gut strukturierte mündliche Beiträge vorzutragen. Das Kind ist gefordert, seinen mündlichen Beitrag gedanklich zu strukturieren, bevor es ihn vorträgt. Es übt, seine Gedanken zu reflektieren, zu ordnen und mündlich mitzuteilen. Diese monologischen Beiträge (Einzelgespräche) richten sich nicht an eine Person, die direkt in die Bedeutungsaushandlung eintreten kann, sondern an eine Gruppe, die über eine längere Zeit zuhört.

Bedeutungsaushandlung moderiert in der Regel die Lehrkraft, die die anderen Kinder zum Nachfragen oder Kommentieren auffordert. Wir sehen hier bereits Gesprächsinteraktionen, die nicht mehr unmittelbar verlaufen, sondern kulturell geprägt sind und im institutionellen Setting gelehrt und gelernt werden. Dazu gehören nicht nur das Beherrschen der Gesprächsmuster in der Interaktion, sondern auch ein bestimmter Wortschatz, Satzbau und Stil.

In der Regel moderieren Lehrkräfte diese Gruppengespräche und sind gleichzeitig als Gesprächspartner am Gespräch beteiligt. Grundsätzlich bieten Gesprächskreise ein günstiges Setting für die alltagsintegrierte Sprachförderung.

Unter dem Kompetenzbereich »Sprechen und Zuhören« führen die Bildungsstandards (KMK 2022, S. 11) der Länder unter anderem folgende Kompetenzen auf:

- ✔ zu anderen sprechen,

- ✔ verstehend zuhören,

- ✔ mit und vor anderen sprechen.

Eine Reihe an schulischen Aktivitäten können diese Kompetenzen im Bereich der Mündlichkeit fördern. Verstehendem Zuhören kommt dabei eine zentrale Rolle zu. Für den Erwerb von Sprache und Bildungssprache ist das Zuhören von Geschichten, Erzählungen, Nachrichten und anderen Hörtexten ein wesentlicher Baustein. Kinder mit einer umfangreichen Vorleseerfahrung haben bessere Voraussetzungen beim Schuleintritt. Das Vorlesen, das dialogische Vorlesen, Hörbücher und Hörspiele haben ein großes Potenzial zur Förderung von Sprache, Wortschatz und für das spätere Leseverständnis.

Texte und Hörtexte bauen auf den Strukturen der Schriftsprache auf. Diese Muster zu kennen, erleichtert später den Schriftspracherwerb. Zudem bereichern Hörgeschichten und Bücher den Wortschatz der Kinder, denn sie erzählen von Welten, die sie nicht kennen, aber durch die Erzählung unmittelbar erleben. Über die Auseinandersetzung mit fiktiven Figuren lernen sie neue Wörter und Ausdrücke aus der Welt der Figuren kennen.

Wichtige Aussagen des Kapitels in aller Kürze:

✔ Sprachkompetenz umfasst verschiedene Fähigkeitsbereiche wie Aussprache, Bedeutung, Grammatik und angemessenen Sprachgebrauch, die sich durch Lernen und Erfahrung entwickeln und für erfolgreiche Kommunikation notwendig sind.

✔ Die Entwicklung der Sprachkompetenz wird durch Mehrsprachigkeit geprägt und verläuft nicht bei allen mehrsprachigen Personen gleich.

✔ Die Gesprächskompetenz umfasst fünf Dimensionen: Wissen, Identität, Umgangsformen, Handlungsmuster und Verständigung, die Missverständnisse verhindern sollen.

✔ Erzählungen sind komplexe sprachliche Handlungen, die durch unerwartete Wendungen, Emotionalisierung und Dramatisierung von Ereignissen geprägt sind und sich von reiner Auflistung von Fakten unterscheiden.

✔ Sprachförderung unterstützt das Erzählen, indem sie Kinder durch dialogisches Erzählen dazu anregt, ihre Geschichten zu emotionalisieren und zu strukturieren, was für das schulische Lernen wichtig ist.

✔ Sich verständlich auszudrücken und Dialoge mit Eltern und Bezugspersonen zu führen, ist eine kommunikative Herausforderung für Kinder.

✔ In der Schule müssen Kinder neue, komplexere Gesprächsregeln erlernen, ihre Ideen klar strukturieren und längere Beiträge vor der Klasse vortragen, während sie gleichzeitig auf das Verständnis der Zuhörer achten müssen.

In diesem Teil war es ein wichtiges Anliegen, herauszustellen, dass Sprache nicht nur der Kommunikation dient, sondern auch als Werkzeug des Denkens, Lernens und der sozialen Bindung. Dialoge, Erzählgelegenheiten und Gespräche sind dabei wichtige Elemente der Sprachförderung, da sie Kindern helfen, komplexe Gedankengänge zu strukturieren und ihre sprachlichen Fähigkeiten in verschiedenen sozialen Kontexten anzupassen. Ein tiefes Verständnis von Sprache, Sprachkompetenz und kommunikativen Handlungen (wie Gespräche führen oder Erzählen) bildet die Grundlage für die professionelle Sprachförderung. Wie Sie in der Sprachförderung konkret handeln und mit Gesprächen und Erzählungen die Sprachkompetenz und Erzählfähigkeit von Kindern unterstützen, lesen Sie im Kapitel 6.

Teil III
Wie gehe ich nun vor? Sprachförderung in der Praxis

✔ Wir richten nun den Fokus auf die Aktivitäten der Sprachförderkraft.

✔ Wie handelt sie, um möglichst wirksam zu sein? Diese Frage ist für die Praxis von großer Bedeutung, da wirksame Handlungsweisen die Qualität der Sprachförderung stark beeinflussen.

✔ Kennt sich die Sprachförderkraft darin aus, nach welchen Prinzipien sie am besten vorgeht und wie sie auf die Aussagen des Kindes reagiert, um den passenden Förderbereich auszuwählen, kann sie die Nachhaltigkeit ihrer Förderung deutlich verbessern.

Kapitel 6
Neun Prinzipien – nicht zehn!

Gute Förderkräfte haben idealerweise ein System, einen Plan und Prinzipien. Die Spielregeln sind klar: Sie gehen **systematisch**, **planvoll** und **prinzipienorientiert** vor. Es geht darum, eine klare Linie zu haben und diese konsequent zu verfolgen. Schließlich braucht jede Reise einen Plan, oder?

Sprachförderung hat System

Mit System meinen wir eine planmäßige Ordnung von Arbeitsschritten. Sie schaffen mit einem systematischen Vorgehen eine feste Basis, von der aus Sie systematisch handeln. Wenn Sie systematisch vorgehen, können Sie die Sprachförderung, basierend auf Ihrem Sprachwissen, kompetenzorientiert und didaktisch sowie methodisch angemessen gestalten (siehe Abbildung 6.1).

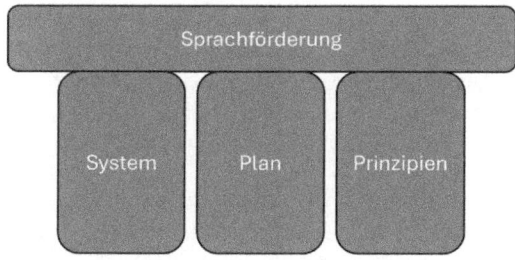

Abbildung 6.1: Sprachförderung als System

Ein planvolles Vorgehen setzt voraus, dass der Sprachförderung ein Förderplan zugrunde liegt, in dem Sie die nächsten Schritte stets vorausdenkend planen und sich selbst und dem Kind klarmachen. Der Förderplan bietet eine Orientierung sowohl für die Förderkraft als auch für das Kind.

Prinzipienorientiert meint, dass Sie Ihr Tun entlang bestimmter Grundsätze qualitativer Sprachförderung vollziehen (siehe Prinzip 1). Das sind Haltungen, Regeln und Normen, ohne die die Qualität der Sprachförderung schwer aufrechterhalten werden kann. Man könnte sagen, dass sie die pädagogische und linguistische Ethik der Sprachförderung ausmachen (dazu mehr im Kapitel 3).

Prinzip 1: Gehe systematisch vor!

Ich berücksichtige in der Sprachförderung alle Prinzipien und setze sie um.

Nachdem wir in den vergangenen Kapiteln sehr ausführlich erläutert haben, worauf sich die Sprachförderung bezieht (Sprachwissen) und was mithilfe der Sprachförderung verbessert werden soll (Sprachkompetenzen), möchten wir den Fokus nun auf weitere wichtige Aspekte legen: auf die **Grundsätze**, **Techniken** und die spezifischen **Förderbereiche** der Sprachförderung.

Zuvor muss aber etwas Zentrales geklärt werden. Sprachförderung setzt professionelles Handeln voraus. Was bedeutet das? Professionen zeichnen sich dadurch aus, dass ihr Handeln nicht vorbestimmt wird. Ein professionelles Handeln gründet sich auf professionelles Wissen. Professionelles Wissen bietet eine Grundlage zur Entscheidung, nimmt der Sprachförderkraft aber die Entscheidung über das richtige, angemessene Handeln nicht ab. Ärzte und Anwälte sind typische Professionsberufe, Lehrkräfte ebenso. Sie bereiten sich mit viel Wissen und Vorerfahrung auf ihren Beruf vor, müssen aber auf Grundlage dieses Wissens in der jeweiligen Situation alle Faktoren und Ziele abwägen und entscheiden. So verhält es sich auch bei der Sprachförderkraft. Ihr Handeln ist ein Produkt ihres Wissens, ihrer Erfahrung und der Abwägung in der gegebenen Situation. Deshalb erhalten Sie in diesem Buch keine Rezepte, sondern Grundlagen für gute Entscheidungen und sprachförderliches Handeln. Packen wir es also an!

Das Kind macht die Musik

Kinder haben Bedürfnisse. Als Erwachsene ist es unsere Aufgabe, diese Bedürfnisse zu verstehen, sie ernst zu nehmen und auf sie einzugehen. Eine Mutter oder ein Vater (und damit meinen wir alle Bezugspersonen, die sich als solche empfinden und identifizieren) kümmert sich um die Belange ihres Kindes. Zum Beispiel reicht er oder sie ihm die Wasserflasche, wenn es durstig ist, wechselt die Kleidung, wenn sie nass oder schmutzig ist, bringt das Kind zu Orten, an denen es glücklich ist und sich sicher fühlt, mit anderen Kindern spielen kann und so weiter.

Auch eine gute Förderkraft nimmt die Bedürfnisse des Kindes wahr und ernst. Dabei geht es nicht in erster Linie um die Grundbedürfnisse wie Schutz, Geborgenheit, Sicherheit oder Liebe und Zuneigung, sondern um **bildungsbezogene** Bedarfe, die zur stetigen Entwicklung eines Heranwachsenden hin zu einer mündigen, selbstbestimmten und kompetenten

Person verhelfen sollen. In der Sprachförderung haben wir es mit Bedarfen zu tun, weniger mit Bedürfnissen. Eine gute pädagogische Beziehung ist aber grundlegend!

Bedürfnisse beziehen sich auf subjektiv wahrgenommene Mängel wie zum Beispiel Durst, Essen, Geld, Liebe, Ruhe, oder Wissen.

Bedarfe beziehen sich auf objektiv wahrnehmbare Mängel, die durch aktives Zutun externer Personen oder Institutionen beseitigt werden können.

Bildungsbezogene Bedarfe beziehen sich im Kontext der Sprachförderung auf fehlende Sprachkompetenzen, die für das schulische Lernen und das soziale Leben benötigt werden, um sich mit Themen und Aufgabenstellungen im Unterricht erwartungsgemäß zu beschäftigen. Mit anderen Worten: Beherrscht das Kind die Sprache auf einem bestimmten Niveau, kann es sich mit anderen über ein Thema verständlich unterhalten, seine Sicht der Dinge kommunizieren, sein Wissen aufbauen, sich mit einem Sachverhalt selbstständig beschäftigen und sich neues Wissen aneignen, den Bezug des Themas zu seiner Umwelt erkennen und angemessen deuten und so weiter.

Bei dieser Entwicklungsreise stellen die sprachlichen Kompetenzen die treibende Kraft vieler anderer Kompetenzen dar. Mathematisches und naturwissenschaftliches Lernen, Werken und Sport, Lesen und Schauspiel – alle Bereiche/Lernfelder bauen auf Sprache und Schrift auf. Um in der Gesellschaft anzukommen, ist Sprachkompetenz ebenfalls bedeutsam. Beispielsweise kann man sich die Zusammenstellung der Bewerbungsunterlagen, die Vorstellungsgespräche und schließlich die Einstellung und Einarbeitung ohne Sprache nicht vorstellen. Genauso wie für die Beantragung neuer Pässe, den Termin beim Rechtsanwalt, die Eröffnung eines Bankkontos, den Kauf einer Fahrkarte und für vieles andere mehr.

Denken wir in typischen kindlichen Lebenswelten weiter: Das Kind braucht eine sprachliche Fitness, die ihm beispielsweise erlaubt, der Lehrkraft zu erklären, warum es die Hausaufgaben noch nicht erledigt hat, seine Meinung über das Mensaessen kundzugeben, der Ärztin oder der Mutter zu beschreiben, was für Schmerzen es am Bein hat oder den Freunden freudig von seinem Wochenende zu erzählen.

Das Mitteilungsbedürfnis des Kindes ist also ein Grundbedürfnis, dem unzureichende Sprachkenntnisse im Wege stehen. Förderkräfte unterstützen nun diesen Weg so, dass sprachliche und kommunikative Schwierigkeiten aufgelöst und kleinschrittig und langfristig überwunden werden können. Dabei stützen sie sich neben ihrer Fachlichkeit vor allem auf ihre Kriterien eines professionellen Handelns.

Prinzip 2: Orientiere dich am Kind!

Ich kenne die bildungsbezogenen Bedarfe des Kindes und richte die Sprachförderung daran aus.

Die sprachlichen Ressourcen des Kindes wachsen mit jedem Lernfortschritt. Für seine Lernfortschritte sind sowohl das Kind als auch die erwachsenen Bezugspersonen verantwortlich. Das heißt, auch Sie!

Die Aufgabe der Förderkraft ist, die Sprachförderung so zu planen, dass sprachliche Ressourcen aktiviert, Bedarfe gedeckt und die Sprachkompetenzen des Kindes für das nächste

Level startklar gemacht werden. Orientierung am Kind bedeutet in diesem Zusammenhang auch, die aktuellen und die nächsten Lernschritte zu kennen. In der Entwicklungspsychologie spricht man vereinfacht von der Zone der aktuellen und der nächsten Entwicklung. Grundsätzlich sollte man als Förderkraft die sprachlichen Fähigkeiten des Kindes, die in diese Zonen fallen, kennen.

Eins nach dem anderen

Kennen Sie noch Paula? Von der Fahrradtour mit Ires? Sie musste ja, bevor sie mit Ires eine Fahrradtour machen kann, Fahrradfahren lernen.

Paula lernt Fahrradfahren

Toni wollte seiner Nichte das Fahrradfahren beibringen. Zum Glück hatte sie schon mit 2 Jahren ein Lernfahrrad ohne Pedale geschenkt bekommen. Sie hatte viel Spaß damit, vor allem immer dann, wenn sie bergab für einige Sekunden – die Beine hochgehoben – zu balancieren versuchte. Also wird ihr das Gleichgewicht nicht schwerfallen, dachte Toni. Vermutlich auch das Lenken.

Eines Tages stand er mit einem glitzernden Fahrrad vor der Haustür. Es hatte sogar Pedale! Paula war so aufgeregt, dass sie sofort auf den Sattel sprang. Sie wollte gleich losradeln, aber Toni musste noch den Sattel so einstellen, dass Paulas Füße einigermaßen den Boden berühren. Auf die Verkehrssicherheit hatte er das Fahrrad bereits mit dem Verkäufer geprüft.

Nachdem Toni alles eingestellt hatte, sind sie sofort los. Wie vermutet, konnte Paula gut balancieren. Allerdings fiel es ihr am Anfang doch ein wenig schwer, die Balance zu halten, während sie kräftig in die Pedale trat. Dafür hielt Toni den Gepäckträger leicht gegen und korrigierte den Lenker ab und zu, wenn sie ausschwenkte. Auch das Bremsen mit der Hand war für sie zunächst eine kleine Herausforderung.

In den nächsten Tagen verbesserte sich Paula nach und nach. Sie legte immer längere Strecken zurück, auch Kurven, ohne umzukippen oder anzuhalten, und konnte auch immer besser bremsen. Toni musste nicht mehr so viel hinterherlaufen und konnte ihr stolz hinterherschauen.

Bei dieser Geschichte sind drei Dinge für uns wichtig:

✔ … dass Toni weiß, was Paula bereits kann,

✔ … dass er weiß, was sie braucht,

✔ … dass er weiß, wie er sie unterstützen kann.

In der Sprachförderung sprechen wir beim Ersteren von der Zone der aktuellen Entwicklung (der Ist-Stand), beim Zweiten von der Zone der nächsten Entwicklung (der Soll-Stand) und beim Letzteren von Scaffolding (Stütze oder Gerüst).

In der Zone der aktuellen Entwicklung befindet sich die Fähigkeit seiner Nichte, beim Fahrradfahren für einige Sekunden das Gleichgewicht zu halten und einigermaßen gut lenken zu können. Auch das Bremsen mit den Füßen klappt gut. Das ist der Ist-Stand ihrer Entwicklung.

In der Zone der nächsten Entwicklung lernt sie, in die Pedale zu treten, ohne aus der Balance zu kommen, und so zunächst eine kleine Strecke zurückzulegen. Das ist der Soll-Stand, den Toni als nächsten Schritt voraussehen konnte, weil er den Entwicklungsverlauf kennt. Sicherlich erwartet er nicht, dass sie wie ein Profi gleich 5 Kilometer zurücklegt.

Der Ist- und der Soll-Stand verändern sich dabei mit jedem Fortschritt. Die Strecken werden länger, das Balancieren wird sicherer. In den späteren Zonen lernt Paula beispielsweise, rechtzeitig zu bremsen, das Gleichgewicht auch in der Kurve zu halten, Verkehrsregeln zu beachten, mit ausgestecktem Arm zu lenken oder auch mal vorsichtig ohne Lenkrad zu fahren.

Toni steht seiner Nichte während all den Lernschritten zur Seite. Er ist ihr Support. Er unterstützt sie, indem er zum Beispiel den Gepäckträger leicht stützt, gegensteuert und mitläuft, während seine Nichte kräftig in die Pedale tritt. Fahren tut sie aber selbst. Sie lernt, er baut Stützen und Gerüste um sie auf (Scaffolds).

 Die Zone der aktuellen und nächsten Entwicklung ist ein lernpsychologischer Ansatz. Dieser nimmt einen zentralen Platz in der Theorie der soziokulturellen Entwicklung ein. Er beschreibt den Bereich zwischen dem, was ein Kind bereits selbstständig tun kann, und dem, was es noch nicht allein bewältigen kann, aber mithilfe eines kompetenteren Partners, zum Beispiel einer Förderkraft, erreichen kann.

Bezogen auf die Sprachförderung bedeutet das, dass die Zone der nächsten Entwicklung (siehe Abbildung 6.2) …

✔ am aktuellen Entwicklungsstand ansetzt: Was kann das Kind bereits selbst verstehen oder zum Ausdruck bringen?

✔ den nächstmöglichen Entwicklungsschritt verdeutlicht: Was soll das Kind mithilfe der Sprachförderung demnächst erreichen?

✔ mithilfe einer besonderen Technik (Scaffolding) unterstützt wird: Womit kann die Sprachförderung gestützt werden?

In der aktuellen Zone haben wir es mit den sprachlichen Ressourcen zu tun, die wir kennen müssten, bevor wir uns – so wie Toni – ins Zeug legen. Es gilt, an diese Ressourcen anzudocken.

Abbildung 6.2: Entwicklungszonen

Wenn Sie diese Ressourcen entdecken, dann können Sie dem Kind parallel Folgendes vermitteln:

✔ Vertrauen – »Ich vertraue deinen Fähigkeiten!«

✔ Wertschätzung – »Deine Fähigkeiten sind mir wichtig!«

✔ Bewusstheit und Selbstvertrauen und -wirksamkeit – »Schau mal, was du geschafft hast!«

In den nächsten Zonen kommen dann die Bedarfe ins Spiel, die mithilfe diagnostischer Mittel (siehe Scaffolding) erfasst werden. Es gilt, diese Bedarfe zu adressieren.

Bedarfsermittlung bedeutet auch, gleichzeitig Folgendes zu vermitteln …

✔ Überzeugung – »Du kannst dich weiterentwickeln!«

✔ Konfrontation – »Du kennst, woran wir arbeiten!«

✔ Mut – »Du kannst dich anstrengen!«

✔ Motivation – »Du wirst dich beim Lernen, und wenn du es schaffst, gut fühlen!«

Die Ressourcen und Bedarfe sind von Kind zu Kind unterschiedlich, denn jedes Kind hat individuelle Ressourcen und Bedarfe, selbst wenn sich viele Kinder (und natürlich wir auch) nur eine Sprache teilen. Sprachförderung ist daher immer eine individuelle Angelegenheit.

Förderkräfte begleiten also die sprachlichen Entwicklungsschritte der Kinder. Sie kennen den Ist-Stand genau so gut wie den Soll-Stand.

 **Prinzip 3:** Sei dir über den aktuellen und den nächsten Schritt klar!

Ich kenne die Ressourcen des Kindes und kann sie bedarfsorientiert ergänzen.

Bevor wir zu den nächsten Prinzipien übergehen, möchten wir ein Beispiel aus einem klassischen Förderthema anführen:

Stellen Sie sich vor, Sie fördern Titus, der auf den ersten Blick noch recht viele Grammatikfehler in seinen Erzählungen macht. Sie möchten herausfinden, was für Fehler er macht, um ihn bedarfsorientiert unterstützen zu können.

Im Diagnosegespräch bitten Sie Titus, zunächst den Satz auf der linken Seite zu vervollständigen (siehe Abbildung 6.3).

Die Katze springt auf ... Stuhl.   Die Katze sitzt auf ... Stuhl.

Abbildung 6.3: Beispiele für Kasus

Titus äußert den folgenden Satz: *Die Katze springt auf das Stuhl.*

Als eine gute Förderkraft möchten Sie wissen, ob der Fehler ein Kasus- oder ein Genusfehler ist oder beides. Das heißt, sagt Titus »das Stuhl«, weil er den Artikel des Stuhls nicht kennt oder weil er die Kasusregel (Akkusativ!) nicht kennt. Sie wissen es nicht. Wie könnten Sie es herausfinden? Wir haben einen Vorschlag (siehe Tabelle 6.1: Sprachförderarbeit mit Titus).

Hypothese (Diagnose)	Er kennt den korrekten Artikel des Stuhls nicht. »Das« dient als Platzhalter.
Was kann er schon? (Ressourcen)	Er kennt zwar nicht den *richtigen* Artikel, verwendet aber zumindest einen. Dass er einen Artikel verwendet, zeigt, dass er über ein Konzept des Artikels verfügt. Das ist gar nicht trivial, denn Artikel kommen nicht in jeder Sprache vor. Es gibt Sprachen, die weder Artikel haben noch ein grammatisches Geschlecht realisieren müssen (Türkisch, Baskisch, Tibetisch), und Sprachen, die zwar grammatische Geschlechter realisieren, aber keine Artikel verwenden (Russisch, Kroatisch).
Überprüfung der Hypothese	Geben Sie den korrekten Artikel vor und lassen Sie Titus den Satz erneut formulieren.
Eine mögliche Szene	Förderkraft: »Ja, gut. Das heißt aber der Stuhl. Kannst du den Satz wiederholen? Denk ruhig kurz darüber nach.« Titus: »Die Katze springt auf der Stuhl.«
Ergebnis	Der Fehler ist ein **Kasusfehler**. Wir müssen am Akkusativ arbeiten.
Erläuterung für die Förderung	Titus geht von einem sächlichen Nomen aus und hält »das« für richtig. Er weiß aber nicht, dass das Nomen, das auf »springen auf« folgt, in den Akkusativ versetzt wird (*der* wird zu *den*). Bewegungen werden im Deutschen grammatisch meistens mit Akkusativ realisiert, Zustand meist mit Dativ. Dies bestimmt den jeweiligen Kasusfall vor allem bei Wechselpropositionen (auf, in, an, über, unter usw.).

Eine andere mögliche Szene	Förderkraft: »Ja, gut. Das heißt aber der Stuhl. Kannst du den Satz wiederholen? Denk ruhig kurz darüber nach.«
	Titus: »Die Katze springt auf den Stuhl.«
Ergebnis	Der Fehler ist ein **Genusfehler.** Wir müssen am Genus arbeiten.
Erläuterung für die Förderung	Der Erwerb des Genus (Maskulinum, Femininum, Neutrum) und der Erwerb des Kasus (Nominativ, Akkusativ, Dativ und Genitiv) dauern sehr lange. Die Artikel (im Nominativ) sollten konsequent dazu gelernt werden. Korrekter Kasus setzt korrekten Genus voraus. In der Förderung sollten beide Phänomene möglichst zusammen, anschaulich und systematisch behandelt werden.

Tabelle 6.1: Sprachförderarbeit mit Titus

Vielleicht dachten Sie als Erstes, dass Titus einfach nur einen Genusfehler macht (*das* statt *der*). Wie Sie aber in der Tabelle sehen können, ist diese Annahme vage. Ohne, dass wir Titus »kurz testen«, können wir nicht sicher davon ausgehen, dass er schlicht eine der/die/das-Schwierigkeit hat. Eine gute Förderkraft kennt solche diagnostischen Kurzgespräche und wendet sie an, um

✔ erstens die eigenen (vagen!) Annahmen zu überprüfen und

✔ zweitens, den tatsächlichen Bedarf feststellen zu können.

Hat Sie das überrascht oder wussten Sie das schon? Probieren Sie sich selbst aus!

Das Ergebnis, also die Frage, was Sie wie fördern sollen, leiten Sie aus der Analyse der Aussagen der Kinder ab. Individualisierte Lernangebote sind effektiver, weil sie sich am spezifischen Bedarf orientieren. Sprachförderprogramme können Sie unterstützend einsetzen, wenn das Lernangebot sich mit dem Bedarf des Kindes deckt. Wir vertrauen darauf, dass Sie mithilfe Ihres sprachlichen, fachlichen und methodischen Förderwissens hervorragend Bedarfe erkennen und »eigene individuelle Arbeitsprogramme« selbst entwerfen können.

Abschließend möchten wir betonen, dass Entwicklungs- und Lernziele realistisch sein sollten. Gerade die Entwicklung grammatischer Kompetenzen nimmt viele Jahre in Anspruch, wenn der Erstkontakt mit der deutschen Sprache nicht in die frühe Kindheit fällt. Das bedeutet, dass Sie sich nicht entmutigen lassen dürfen, wenn Sie keine schnellen Erfolge sehen, wie beispielsweise beim Wortschatz. Nötig sind viele Wiederholungen, bei deutlicher Aussprache, ein korrektives Feedback u. a. (siehe Strategien). Die Erfolge zeigen sich erst viele Jahre später, wie ein Baum, der wachsen muss, bevor er Früchte trägt.

Sprich authentisch

Kinder sind gut darin, authentische von unauthentischen Situationen zu unterscheiden. Natürlich sind wir das auch. Aber bleiben wir mal bei den Kindern.

Authentische Gespräche sind im Kontext der Sprachförderung konstruierte Wirklichkeiten für ein bestimmtes Ziel. Allein der Teil »konstruierte Wirklichkeiten« könnte große philosophische und erkenntnistheoretische Diskussionen auslösen.

Gute Förderkräfte konstruieren und bedienen sich in der Sprachförderung authentischer Gespräche. Damit schaffen sie eine nahezu echte Erwerbssituation. Echte Erwerbssituationen sind spontan, unplanbar und unbeabsichtigt. Denen begegnen wir praktisch im echten Leben. In der Sprachförderung ist es aber ein bisschen wie in einem Filmstudio. Sie konstruieren eine Sprachwelt, von der – so Ihre Annahme – das Kind am meisten profitiert und die mit hoher Wahrscheinlichkeit auch im echten Leben anzutreffen ist.

Die authentischen Gespräche sind nicht einfach authentische Gespräche. Sie erfüllen einen didaktischen Zweck. Sie dienen dazu, den aktuellen Sprachinput zu bereichern, ohne die vertraute Umgebung verlassen zu müssen. Mit dem Sprachinput ist die Gesamtheit mündlicher oder schriftlicher Beiträge von Personen oder Medien in der unmittelbaren Umgebung eines Menschen gemeint. Die authentischen Gespräche, die nach bestimmten Zielen der Sprachförderung konstruiert werden, erweitern den Sprachinput.

 **Prinzip 4:** Sei und sprich authentisch!

Ich kann authentische Geschichten erfinden und meine Sprachförderziele einbetten.

Natürlich bedient sich die Sprachförderung nicht ausschließlich authentischen Gesprächen. Auch konstruierte Szenen finden statt. Dennoch sollten die sprachlichen Beiträge möglichst natürlich bleiben. Machen wir das doch mit einem Beispiel deutlich:

> Im Unterricht erzählt die Praktikantin im Erzählkreis einer vierten Klasse von etwas, was sie auf dem Weg zur Schule ereilte. Dabei hält sie eine Box in der Hand. Sie habe auf dem Weg zur Schule am Fluss etwas Schimmerndes entdeckt, und als sie sich näherte, sah sie eine Flasche und darin ein Stück Papier (sie öffnet die Box; Kinder schauen neugierig rein). Sie dachte, dass die Kinder sich freuen würden, wenn sie sie mit in die Schule nimmt. Sie wüsste auch nicht, was drin ist und würde sie gerne zusammen öffnen und schauen, was auf dem Papierstück steht.

Die Lehrkräfte unter uns kennen solche Szenen sehr gut. Wir Förderkräfte könnten von ihnen viel abgucken. An dieser Szene kann man sehr schön sehen, dass die Kinder in eine fiktive Welt eintauchen und sie die Echtheit der Geschehnisse gar nicht infrage stellen. Es ist eine konstruierte Wirklichkeit für einen bestimmten pädagogischen Zweck.

Angenommen, Sie möchten Titus beim Akkusativerwerb unterstützen. Sie bieten dazu passende authentische Gespräche an. Zum Beispiel:

> Sie fantasieren mit den Kindern. Sie sind zwei, drei, vier Frösche, die auf bestimmte Gegenstände im Raum hüpfen. Sie hüpfen auf den Stuhl, auf den Teppich, auf den Schulhof und so weiter. Das Kommando zum Hüpfen kann nur gegeben werden, wenn man »Der Frosch hüpft auf ...« sagt und dabei den Akkusativ verwendet. Je nach Sprachstand, können Sie die Gegenstände (oder die Bilder von den Gegenständen, die Sie auf dem Boden verteilt haben) mit dem Artikel und dem Nomen beschriften. So erleichtern Sie die Suche nach der Bezeichnung. Die Kinder müssen aufmerksam

zuhören, um a) den richtigen Gegenstand zu verstehen, und um b) die korrekte Verwendung von Akkusativ herauszuhören. Hat ein Kind einen falschen Gegenstand erwischt oder die falsche Verwendung überhört, ist es nun dran und muss das nächste Kommando geben.

Das ist natürlich nur ein Denkanstoß und kann variiert werden.

Es ist wichtig, dass solche und ähnliche Förderszenen an den Machbarkeiten des Kindes anschließen und sie herausfordern. Herausfordernde Momente sind solche, die zwischen der Komfortzone (Das kann ich gut!) und der Überforderung (Das ist mir zu viel!) stehen. Eine gute Förderkraft kann gut erkennen, was das Kind herausfordern kann und nicht überfordert. Ein Beispiel dazu wäre ein häufig vorkommendes Phänomen: Stellen Sie sich vor, Sie befinden sich in einer Kita oder Grundschule. Es ist gerade sonnig draußen, aber noch ziemlich kalt. Alle Kinder sollen ihre Jacken anziehen. Was sagen Sie? »Jacke anziehen!« oder »Zieht bitte eure Jacken an!«? Es ist nicht nur höflicher, sondern auch förderlicher, wenn Sie sich für die zweite Variante entscheiden. Folgende Gründe sprechen dafür:

1. Das Verb »anziehen« haben Sie im Satz gebraucht, was bedeutet, dass Sie die Trennung vollzogen haben.

2. Das Imperativ des Verbs haben Sie grammatisch korrekt vollzogen (nicht fälschlicherweise durch Tonerhöhung wie im Fall »Jacke anziehen!«).

3. Sie haben Kasus/Akkusativ (»eure«) und Numerus/Plural (»Jacken«) korrekt realisiert.

Alleine mit einem authentischen und standardmäßigen Sprachgebrauch können Sie viel erreichen. Eine entsprechende Grundhaltung gehört also ebenso zu einer guten Sprachförderung wie die fachlichen und pädagogischen Kompetenzen der Förderkraft.

Ja, schwer – aber du schaffst es!

Herausforderung wird in diesem Buch im positiven Sinne gebraucht. Wir brauchen alle Herausforderungen, um zu wachsen. Auf die Herausforderungen im Leben haben wir keinen Einfluss. Sie gibt es immer und überall. Wenn wir uns entwickeln möchten, müssen wir aber lernen, uns den Herausforderungen des Lebens zu stellen und mit ihnen zufriedenstellend umzugehen. Wir müssen sie zu unseren Gunsten wenden.

Geht es um sprachliche Herausforderungen, verwendet die Sprachdidaktik den Begriff der *Elizitierung*. Elizitieren bedeutet, jemandem etwas zu entlocken oder jemanden zu einer Äußerung zu bewegen. Im Grunde genommen konfrontieren wir das Kind mit etwas Anspruchsvollem und möchten es dazu bringen, von uns beabsichtigte (= elizitierte) Äußerungen hervorzubringen. Das tun wir, damit das Kind seine bestehenden Fähigkeiten weiterentwickelt und neue dazu erwirbt.

Da dieser Begriff aber etwas sperrig erscheinen mag, werden wir weiterhin den Begriff der sprachlichen Herausforderung gebrauchen, aber damit vorwiegend die Elizitierung meinen.

Lernen ist anspruchsvoll und kann manchmal auch überfordernd sein. Die Aufgabe der Förderkraft ist es, die korrespondierenden, die herausfordernden und die überfordernden Zonen beim Sprachlernen grob einzuschätzen (siehe Abbildung 6.4). Korrespondierende Zone ist diejenige Zone, in der individuelle Fähigkeiten und die Anforderung ungefähr Hand in Hand gehen. Das Kind ist weder über- noch unterfordert. Der Vorteil ist, dass erworbene Fähigkeiten in dieser Zone relativ mühelos angewendet werden können. Sie können dadurch verfestigt und automatisiert werden. Hier findet Übung statt. Längere Zeit korrespondierend zu üben, kann sich aber auch nachteilig auf die Lernentwicklung auswirken.

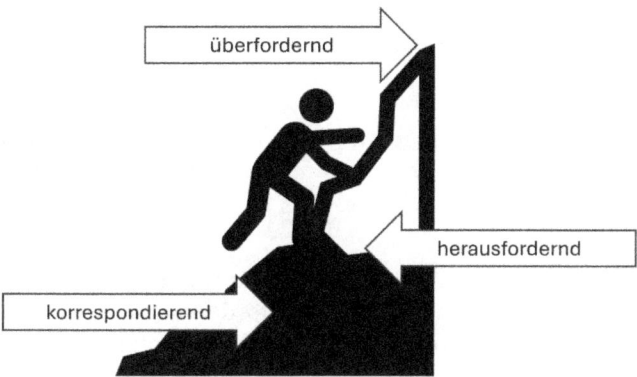

Abbildung 6.4: Sprachförderung fordert heraus

Erwerb neuer Fähigkeiten geschieht aber in der Regel in herausfordernden Zonen. In dieser Zone können erworbene Fähigkeiten zwar angewendet werden, allerdings reichen sie nicht aus, um neues Wissen anzueignen. Eine herausfordernde Situation leitet Lernen ein (aber natürlich nicht nur). In dieser Zone wird also »gelernt«.

In überfordernden Zonen ist der Lerner oft frustriert und verunsichert. Eine ständige Begegnung mit Frust kann dazu beitragen, dass Lerner eine Abneigung oder Ablehnung gegenüber dem Lernen insgesamt entwickeln.

Der Erfolg von (digitalen) Spielen liegt unter anderem darin, dass sie den Spieler genau in der richtigen Dosierung herausfordern.

 Prinzip 5: Achte in der Zone der nächsten Entwicklung auf bewältigbare Herausforderungen!

Ich kenne die nächsten Schritte der Sprachförderung konkret, zerlege die Aufgaben in kleinere Schritte und weiß das Kind herauszufordern, sodass es sich motiviert anstrengt.

In der Sprachförderung sollten Sie Anforderungen dahingehend überprüfen, dass sie vom Kind bewältigbar sind, dass das Gleichgewicht zwischen An- und Entspannung beim Lernen gelingt und das Lerninteresse und die -motivation aufrechterhalten werden können. Das ist mit einer ›guten Dosis‹ Empathie, Erfahrung, Fachlichkeit, Aufmerksamkeit und Humor möglich.

Scaffolde!

Nun wissen Sie, dass die sprachlichen Anforderungen, die sich an das Kind stellen, bewältigbaren Herausforderungen entsprechen müssen, damit Sprachkompetenzen entfaltet werden können.

Was ist aber, wenn Kinder die Herausforderungen nicht bewältigen können, weil ihnen dafür notwendige Sprachkenntnisse fehlen? Die Anforderungen werden ja nicht reduziert, sonst gäbe es keine Bildungsstandards. Wie können Sie dieses Dilemma also angehen?

 **Prinzip 6:** Hilf dem Kind durch Scaffolding, sich den Herausforderungen zu stellen und diese zu meistern!

Ich mache dem Kind so viele qualitativ hochwertige Angebote, wie es braucht, und baue das Angebot (Gerüst) parallel zu seiner Entwicklung allmählich ab.

Zum Beispiel:

Titus hat offensichtlich Schwierigkeiten im Bereich des Kasus. Ihn vor einen Text zu setzen, in dem er sein Zimmer beschreiben soll, ist eine sehr große Herausforderung und ist spätestens dann, wenn er seinen Text mit lauter roten Anstrichen zurückbekommt, frustrierend und demotivierend. Das Lernen würde er vermutlich als sehr überfordernd wahrnehmen.

Um ein Zimmer (sprachlich) zu beschreiben, sind unter anderem Kenntnisse in Präpositionen, Verben und Rektion notwendig. Mit anderen Worten: Das Kind muss also

1. verschiedene lokale Präpositionen kennen (Mein Bett steht *neben* meinem Schrank),

2. passende Verben kennen (Zum Beispiel *liegen, stehen, hängen* sowie den Unterschied kennen),

3. den Kasus in Verbindung mit dem Verb und der Präposition (= Rektion) kennen (Der Stiftehalter steht auf mein*em* Schreibtisch). – Hier bestimmt nämlich das Verb *steht* den Kasus des Bezugswortes *Schreibtisch*. Die Beachtung der Rektion setzt außerdem die Kenntnis des Genus des Bezugswortes voraus (*der* Schreibtisch, also *dem*).

Die Anforderung ist, dass Titus sein Zimmer beschreibt. Daran wird sich nichts ändern. Trotz seiner grammatischen Kenntnislücken muss er diesen Text schreiben. Welche Scaffolds wären geeignet?

In den Förderstunden erhält Titus sinnvoll ausgewählte Hinweise. Angelehnt an die kleine Analyse bekommt er eine kleine Auswahl an Zimmergegenständen im Nominativ, dem Kasus des Subjektes [Scaffolding 1], Schriftstücke mit dem konjugierten Verb + Präposition + dekliniertem Artikel [Scaffolding 2] und eine kleine Auswahl an Gegenständen zur Ergänzung der adverbialen Bestimmung des Ortes [Scaffolding 3].

Nun sitzt er mit Ires im Förderraum, um ein bisschen Kasus zu üben. Als Impuls hat Ires das folgende Bild (siehe Abbildung 6.5) (ohne Sprechblasen) mitgebracht. Ires' optimale Zielvorstellung ist, dass er die Sprechblasen genauso produziert, wie sie hier stehen. Wichtig ist aber natürlich auch, dass das Gespräch möglichst authentisch verläuft.

Abbildung 6.5: Zimmerbeschreibung mit Dativ

Als Material hat Ires Folgendes vorbereitet:

✔ Kärtchen zu Scaffolding 1 (mit Artikel): das Plakat, die Legos, die Matten, die Trommel, die Zahlenraupe, die Bücher, der Teddybär, die Buchstabenmagnete, das Auto

✔ Kärtchen zu Scaffolding 2 (Satzteile): hängt an der, klebt an der, liegen in der, liegen auf dem, liegt im, stehen auf dem, sitzt auf dem, liegen auf dem, steht auf dem

✔ Kärtchen zu Scaffolding 3 (ohne Artikel): Wand, Wand, Box, Regal, Regal, Tisch, Boden, Fach, Teppich

✔ Sprechblasen als Kontrollkärtchen zum Schluss

Das Gespräch zwischen Ires und Titus könnte so verlaufen:

Eine typische Förderstunde zwischen Titus und Ires

Ires: Schau mal, Titus! Ich habe ein Bild mitgebracht. Was zeigt denn das Bild?

Titus: Ein Zimmer.

Ires: Genau! Ein Kinderzimmer sogar. Was gibt es denn alles in diesem Zimmer?

Titus: Sehr viele Dinge. Matten, ein Fenster mit dem dem … Wie heißt das? (zeigt auf den Vorhang)

Ires: Wir spielen jetzt ein kleines Spiel mit dir. Ich lege gleich mehrere Kärtchen auf den Tisch. Darauf stehen Wörter für manche Gegenstände aus diesem Zimmer. Du liest sie bitte zuerst laut vor. [Scaffolding 1]

(Ires legt alle Kärtchen mit den Bezugsgegenständen auf den Tisch untereinander. Die Kärtchen, auf denen die Subjekte stehen, stehen mit den Artikeln. Die Objekte in den adverbialen Bestimmungen stehen ohne Artikel.)

Titus: (beginnt laut zu lesen) Das Plakat, Tisch, die Matten, Wand, Teppich, das Auto, die Zahlenraupe, die Buchsta… Was ist das?

Ires: (liest langsam vor) Buchstabenmagnete. Das sind Buchstaben aus Plastik und sie haben auf der Rückseite Magnete. Damit kann man sie zum Beispiel am Kühlschrank und an einer Magnettafel befestigen.

Titus: Ahh, das haben wir auch in Klasse.

Ires: Genau! Jetzt nimmst du alle Kärtchen mit einem Artikel zu dir und legst sie zu den Gegenständen auf dem Bild.

Titus: (beginnt, die Kärtchen zuzuordnen) Was ist Trommel?

Ires: Das ist ein Musikinstrument, auf dem man trommeln kann. (Sie schlägt mit den Händen leicht auf den Tisch.)

Titus: Ah, okay! Dann ist das hier.

Ires: Super! Alles wunderbar. Jetzt lege ich dir weitere Kärtchen auf den Tisch [Scaffolding 2].

Titus: (liest die Kärtchen halblaut vor) steht auf dem, hängt an der, liegt im, liegen auf dem, …

Ires: Kannst du die Kärtchen jetzt auch zu den Kärtchen, die du gerade eben gelegt hast, dazulegen? Die müssen aber passen. Schaffst du das? Lass dir gerne etwas Zeit und lies genau.

Titus: (beginnt die Kärtchen zusammenzubringen) hängt an der passt zu Plakat. Weil das ist ja dort.

Ires: Super machst du das! Das Plakat hängt an der (Ires spricht langsam und schaut Titus fragend an).

(Titus überlegt still.)

Ires: Wo hängt das Plakat?

Titus: Wand.

Ires: Genau! An der Wand. Dann legen wir das Kärtchen auch dazu (nimmt das Kärtchen mit »Wand« und legt es dazu). Jetzt haben wir einen schönen Satz gemacht. Liest du ihn mal? [Scaffolding 3]

Titus: Das Plakat hängt an der Wand.

Ires: Sehr schön. Den Rest darfst du selbst machen. Nimm dir Zeit!

(Titus beginnt, die Kärtchen zu ergänzen.)

Ires steht auf und geht zum Fenster.

…

Titus: Ich bin fertig.

Ires: Wunderbar! Möchtest du dich selbst kontrollieren?

Titus: Ja.

(Ires gibt Titus die Sprechblasen. Titus liest sie und legt sie zu der jeweiligen Stelle hin. Er hat zwei Fehler entdeckt.)

Titus: Ich hab »Der Teddybär stehen auf dem Regal.« (Gleichzeitig legt er die Kärtchen um.)

Ires: Was war denn falsch?

Titus: stehen und sitzt. Das ist aber ein Teddybär (betont dabei »ein«).

Ires: Richtig! Schau mal, du kannst dich auch selbst verbessern. Super! Aber noch etwas. Steht der Teddybär oder sitzt er?

Titus: Er sitzt.

Ires: Genau! Wir haben noch ein wenig Zeit. Du kannst die Sätze jetzt abschreiben. Lass aber oben ein wenig Platz, damit du das Bild da reinkleben kannst.

Das Scaffolding von Ires besteht darin, Titus Impulse zu geben, damit er Sätze bilden kann, die den Dativ verlangen. Er übt, welche Verben dies tun, und welche Endungen der Dativ erfordert. Sie unterstützt Titus, das zu lösen, was ohne Hilfe noch nicht gelingt. Und sie erlaubt ihm, sich selbst zu überprüfen und zu korrigieren.

Für Ires ist es wichtig, dass sie Bilder mit beschrifteten Kärtchen kombiniert und so viel wie möglich verbalisiert. Sie spricht – wo immer möglich – ihre Handlungen und Gedanken laut aus. Es ist wichtig, dass Handlungen stets verbalisiert werden, d. h., Handlungen mit Sprechhandlungen synchronisiert werden. Man sagt dazu handlungsbegleitendes Sprechen (siehe Kapitel 7). Und das wirkt förderlich!

Kinder mit einem Sprachförderbedarf benötigen einen **sprachlichen Support**. Man könnte meinen, dass Kinder es auch allein schaffen können, wenn man die Anforderungen einfach nur anpasst. Nein! Man verzichtet ja auch nicht auf die Herausforderung, den Wolkenkratzer des Jahrhunderts zu bauen, selbst wenn er am Strand stehen soll. Es kommt auf die speziellen Bau- und Bodentechniken an, die trotz der ungünstigen Bodenbeschaffenheit das Bauen hoch hinaus ermöglichen. Denken wir nur an Burj Khalifa in Dubai oder Tokyo Skytree in Japan.

In der Sprachförderung läuft es ähnlich ab: Eine Lehrkraft oder Sprachförderperson gibt dem Kind genau das Werkzeug an die Hand, das es braucht – seien es neue Wörter, Satzstrukturen oder nützliche Strategien. So kann das Kind Aufgaben meistern, die es allein vielleicht noch nicht geschafft hätte. Das könnte zum Beispiel darin bestehen, gezielt Fragen zu stellen, nützliche Redewendungen anzubieten oder auch sprachliches Verhalten einfach mal vorzuleben und darauf aufmerksam zu machen. Ein bisschen wie ein sprachlicher Werkzeugkasten – und die Kinder lernen Schritt für Schritt, wie man ihn benutzt.

Erinnern Sie sich an Toni und Paula? Was Toni tat, bezeichnet man im Grunde genommen als **Scaffolding**. Er fasste leicht am Gepäckträger an und unterstützte Paula beim Halten vom Gleichgewicht. Beim Fahrradfahren oder Laufenlernen unterstützen Erwachsene Kinder intuitiv. Beim Sprachen- oder Schwimmenlernen verlassen sich Eltern oft auf professionelle Unterstützung.

Scaffolding ist in der Sprachförderung ein **handlungsleitendes** Prinzip, das vor allem an die kommunikative Handlungsfähigkeit der Lernenden andockt und sie zugleich erweitern und sichern soll (vgl. Pauline Gibbons). Diese Unterstützung ist dynamisch und flexibel. Sie wird an den jeweiligen Lernstand des Kindes angepasst und nach und nach reduziert, sobald es mehr Eigenständigkeit entwickelt.

In der Sprachförderung bedeutet das, dass die Lehrkraft die Kommunikation durch Hilfestellungen, gezielte Impulse und modellhaftes Vorgehen fördert. Wichtig ist, dass diese Unterstützung nur so lange »angeboten« wird, bis das Kind in die nächste Entwicklungszone übertritt. Das heißt, dass sich – wie die Sprachkompetenzen – auch die sprachlichen Hilfestellungen ständig verändern und sich den neuen Bedarfen anpassen. Somit steht nicht nur die kurzfristige Bewältigung einer sprachlichen Herausforderung im Vordergrund, sondern vor allem die nachhaltige Entwicklung der kommunikativen Kompetenz.

In der Praxis können Sie die sprachlichen Hilfestellungen – so wie Ires – sowohl mündlich als auch schriftlich umsetzen. Ires modelliert den Sprachgebrauch beispielsweise gezielt durch die Angebote auf den Kärtchen und ermuntert so Titus, immer komplexere Sprachhandlungen zu »wagen«.

Immer dann, wenn Sie die Absicht haben, für die stetige Entwicklung der Sprachkompetenz des Kindes oder der Jugendlichen die Weichen zu stellen, handeln Sie nach dem Scaffolding-Prinzip.

Zusammengefasst bietet Scaffolding eine flexible Unterstützung, die sich dynamisch an die Fähigkeiten der Kinder und Jugendlichen anpasst und ihnen dabei hilft, die nächste Stufe in der Sprachentwicklung zu erreichen.

Förderung nicht ohne Diagnose und umgekehrt

Eine gute Sprachförderung erkennt man daran, dass sie nahtlos an das anknüpft, was Kinder schon gelernt haben. Der berühmt-berüchtigte Satz an Schulen lautet dazu: »Man muss das Kind dort abholen, wo es steht!«

Sobald die Kleinen aus dem gemütlichen Nest daheim flattern und in den Kindergarten oder die Schule gehen, bekommen Eltern oft Rückmeldungen von Erzieherinnen oder Lehrkräften, wie sich ihr Kind so tut – sprachlich und allgemein. Diese Infos gibt es nicht nur beim schnellen Plausch auf dem Flur, sondern auch an Elternabenden oder bei fest eingeplanten Gesprächen. Aber auch, bevor die Kleinen überhaupt in die Kita oder die Schule gehen, gibt es schon die zwölfte U-Untersuchung beim Kinderarzt. Hier erfahren Eltern, ob sprachlich alles im grünen Bereich ist oder ob man vielleicht doch noch ein wenig nachhelfen sollte. Bei der Sprachförderung gilt es: je früher, desto besser!

Die Erzieherinnen und Erzieher haben eine wichtige Aufgabe: Sie beobachten genau, wie sich die Sprache eines Kindes entwickelt, und dokumentieren die Entwicklung. Mit ihrem Wissen darüber, wie Kinder sprechen lernen, können sie gut einschätzen, was das Kind sagt und wie es sich mit anderen Kindern und Erwachsenen unterhält. Dabei schauen sie immer darauf, was das Kind schon kann und wie sie es am besten weiter fördern können.

Eine gute Förderkraft weiß genau, dass man nicht einfach drauflos fördern kann (siehe Abbildung 6.6). Sie braucht schon solide Infos darüber, wie weit das Kind sprachlich ist und welchen Hintergrund es hat: Hatte das Kind vielleicht schon eine Sprachtherapie oder eine logopädische Behandlung? Oder besucht es gerade eine Therapie? Lernt es noch weitere Sprachen neben Deutsch? Wie entwickelt sich seine Erstsprache? Und so weiter.

Abbildung 6.6: Förderung nicht ohne Diagnose

Aber es geht nicht nur um die Sprache selbst: Auch die Persönlichkeit des Kindes spielt eine wichtige Rolle. Ist es eher ruhig und zurückhaltend oder unruhig und aufgeschlossen? Was macht es gern, wenn es mal nicht in der Kita oder der Schule ist? Welche TV-Serien schaut es, und welche Sprache wird beim Spielen mit den Geschwistern gesprochen? All diese Dinge helfen dabei, sich die Sprachwelt des Kindes besser vorzustellen und die Sprachförderung individuell anpassen zu können.

Eine kompetente Förderkraft weiß also, dass für eine erfolgreiche Sprachförderung sprachbezogene Informationen aus der natürlichen Umgebung des Kindes hinzugezogen werden müssen. Aus den gezielten Gesprächen mit den Bezugspersonen des Kindes, wie zum Beispiel den

Eltern, den Erziehern oder Lehrkräften, kann sie unter anderem herausfiltern, womit sie das Kind am besten ansprechen und die Chancen auf ein motiviertes Mitmachen erhöhen kann.

Eine Förderkraft muss zudem in der Lage sein, mündliche und schriftliche Äußerungen des Kindes grob zu analysieren, um dessen Stärken und Schwächen in der Sprachkompetenz zu erkennen. So gesehen ist die Förderkraft eigentlich immer auch ein Forscher. Sie interessiert sich für die Details, die »Zwischenräume«, welche viele andere Personen einfach übersehen würden. Sie interessiert sich auch für die Fehler – nicht etwa, um sie durchzustreichen, sondern vielmehr, um sie zu untersuchen. Denn Fehler geben Hinweise auf den Lernstand des Kindes und auf die nächsten Lernschritte.

Wahrscheinlich fragen Sie sich, wie Lernstandserhebung und Diagnose sich unterscheiden. Und ob man beides braucht? Was heißt eigentlich diagnostizieren?

Als Diagnostik bezeichnet man in der Sprachförderung einen Prozess, in dem die Fragen und Vermutungen über die Sprachentwicklung und -schwierigkeiten des Kindes durch geeignete Mittel überprüft werden. Durch die Diagnostik macht sich die Förderkraft ein verlässliches Bild über sprachbezogene Merkmale und Verhaltensweisen. Dabei verfolgt sie das Ziel, einen Plan auszuarbeiten, wie sie die Sprachförderung zeitlich und strategisch am besten durchführen kann.

Halten wir Folgendes fest:

✔ Ihre zufälligen Beobachtungen oder die Vermutungen einer anderen Person über den Sprachförderbedarf eines Kindes reichen nicht aus, um einen Förderplan zu erstellen und damit eine wirksame Sprachförderung einzuleiten.

✔ Aufmerksame, systematische Beobachtungen der Sprachentwicklung von Kindern gehören zu den Aufgaben der Förderkraft. Sie sollten aber diese Beobachtungen und Vermutungen ernst nehmen und ihnen nachgehen.

✔ Der vermutete Sprachförderbedarf sollte mit einer anschließenden, verlässlichen Diagnose gestützt werden. Das geht nur über ein standardisiertes und unter objektiven Bedingungen durchgeführtes Diagnoseverfahren.

Sie können informelle diagnostische Tests durchführen, um einen Förderplan erstellen zu können. Was ein Förderplan ist, erklären wir Ihnen im Abschnitt »Der Förderplan«.

✔ Alle Kinder sind einzigartige Persönlichkeiten. Die objektiven Diagnoseverfahren sollten durch Diagnosegespräche mit den Eltern und dem Kind ergänzt werden.

Prinzip 7: Subjektive Einschätzungen sind gut, aber das Überprüfen ist noch besser! Benutze zur Überprüfung stets objektive Verfahren!

Ich mache mir durch die Ergebnisse einer Diagnostik ein umfängliches Bild zum Sprachstand des Kindes und verifiziere damit meine Einschätzungen zur Sprachentwicklung.

Die Erhebung des Sprachstandes umfasst

1. gezielte Gespräche mit dem Kind (zum Beispiel *Fühlst du dich wohl im Deutschunterricht? Brauchst du lange bei den Aufgaben? Fallen sie dir leicht oder schwer?...*) und den Bezugspersonen (zum Beispiel *Hatte Ihr Kind eine normale Sprachentwicklung oder gab es Auffälligkeiten? Wächst Ihr Kind mit mehr als einer Sprache auf?, ...*)

2. Analysen von mündlichen und schriftlichen Aussagen des Kindes (zum Beispiel *ein Aufgabenblatt zum Kasus, eine Erzählung, ein Brief an die beste Freundin, ...*)

3. standardisierte Beobachtungs- und Testverfahren (zum Beispiel *ein Test zu grammatischen Fähigkeiten, ein Leseflüssigkeitstest, eine standardisierte Analyse von spontansprachlichen Beiträgen, ...*)

Gespräche, Analysen und Tests ebnen also den Weg der Sprachförderung. Abbildung 6.7 zeigt den Weg von zufälligen bzw. gezielten Beobachtungen im Kita- oder Schulalltag bis zur Förderplanung.

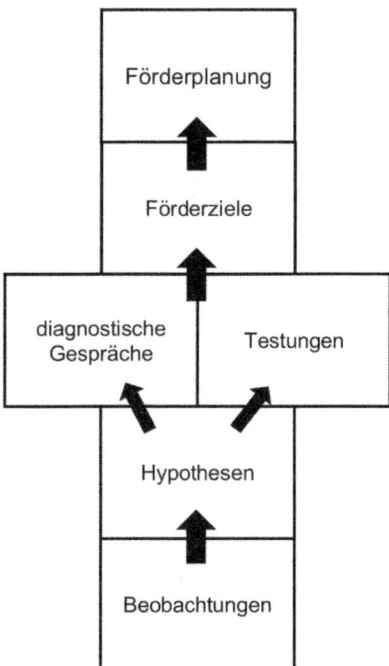

Abbildung 6.7: Von der Diagnose zur Förderung

Aus Ihren alltäglichen und zufälligen Beobachtungen bilden sich erste Hypothesen über die Sprachfähigkeiten und -schwierigkeiten des Kindes. Diese Hypothesen überprüfen Sie mithilfe von Tests und in Absprache mit den Eltern und anderen Professionen. Versuchen Sie, die Stärken und die Schwachstellen seiner Sprachkompetenz zu verstehen. Diagnostische Gespräche helfen Ihnen dabei, nachzuvollziehen, wie sich die Sprache des Kindes entwickelt und welche Faktoren seine Sprachentwicklung positiv oder negativ beeinflussen.

Zu wissen, dass ein Kind mehrsprachig ist, hilft Ihnen beispielsweise, die sprachliche Entwicklung differenziert zu betrachten. Oder zu wissen, dass das Kind eine Sprachtherapie durchläuft, verringert die Gefahr, eine Überschneidung von Maßnahmen oder wichtige Fortschritte zu übersehen. Aus den Gesprächen und den Ergebnissen der Tests leiten Sie schließlich Förderziele ab, die Sie in der Förderplanung durch geeignete Fördermaßnahmen zu erreichen versuchen.

Nun möchten wir Ihnen einige Diagnosemethoden vorstellen, die in der Sprachförderpraxis häufig vorkommen: Beobachtung und Analyse, Gespräche und Testverfahren.

Mit **Beobachten** meinen wir hier eine alltägliche Praxis in Kita und Schule. Man sieht etwas – vielleicht ein Verhalten, eine Äußerung oder eine Situation mit einem Kind – und denkt sich: »Da muss ich mal genauer hinschauen!« Oft sind es spontane, zufällige Beobachtungen, die man nicht aktiv sucht, sondern die einem auffallen. Genau diese Momente sind oft der Beginn für einen Austausch mit den Kolleginnen über die Entwicklung oder das sprachliche Verhalten des Kindes.

Als Lehrkraft gehört es natürlich dazu, die Entwicklung der Kinder zu beobachten – ob sozial, kognitiv oder sprachlich. Doch im hektischen Schulalltag, mit allen Aufgaben, die Sie gleichzeitig bewältigen müssen, kann diese Aufgabe untergehen. Aber keine Sorge, langfristig behalten wir das natürlich im Blick. Wir sehen beispielsweise immer wiederkehrende Verhaltensmuster oder typische Fehler, die Kinder und Jugendliche machen.

Aus unserer Erfahrung als Sprachdidaktikerinnen und in der Förderarbeit wissen wir: Beobachtungen sind wesentlich für die Sprachförderung. Sowohl geplante als auch spontane Beobachtungen sind nützlich. Dabei reicht es nicht aus, nur eine linguistische Brille aufzusetzen – auch die pädagogische Perspektive ist wichtig. Denn so bekommt man einen umfassenderen Blick darauf, warum ein Kind sich sprachlich so verhält, wie es das tut. Ist die Präsentation schiefgelaufen, weil das Kind einfach müde war oder fehlte es ihm schlicht am richtigen Vokabular? Und hätte man den Streit vermeiden können, wenn man die richtigen Ausdrücke gekannt hätte? (Kleiner Reminder: Erinnern Sie sich noch an Ailan und Ken aus dem Abschnitt »Sprache ist bildungsrelevant« im ersten Kapitel?).

In der Förderpraxis existieren verschiedene Beobachtungsformen. In der Abbildung 6.8 haben wir sie zusammenfassend dargestellt. Wir gehen dabei von der Fremdbeobachtung aus. Der steht die Selbstbeobachtung im Sinne von ›Ich schaue in meine Gefühle, Gedanken, Empfindungen etc. hinein‹ gegenüber, die wir hier aber ausklammern.

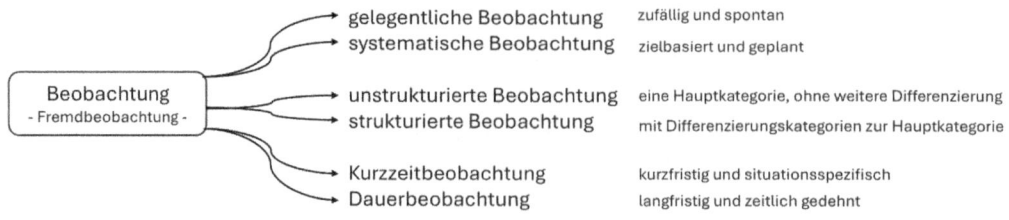

Abbildung 6.8: Beobachtungsformen

Wir empfehlen, in der Förderpraxis regelmäßig Zeitfenster einzubauen, in denen Sie systematisch beobachten und Ihre Eindrücke dokumentieren. Diese können Sie dann beispielsweise als Grundlage für Lernentwicklungsgespräche mit Lehrkräften und Eltern nutzen. Auch bei zufälligen Beobachtungen, also wenn Sie etwa zufällig Zeuge von einem sprachförderlich relevanten Ereignis sind, empfehlen wir Ihnen, sich die Eindrücke immer aufzuschreiben. Führen Sie ein Fördertagebuch, wenn Sie es so wollen. Grundsätzlich profitieren Sie für Ihre Förderplanung von einer sorgfältigen Auswahl und einer zielorientierten Kombination von verschiedenen Formen mehr.

Doch worauf sollten Sie achten, wenn Sie systematisch beobachten? Die systematische Beobachtung müsste folgende Qualitätsmerkmale aufweisen:

✔ **Zielgerichtet:** Die Beobachtung hat immer ein klares Ziel, zum Beispiel die Analyse spezifischer sprachlicher Fertigkeiten wie Wortschatz, Satzbildung oder Sprachverständnis.

✔ **Strukturiert:** Es wird nach festgelegten Kriterien beobachtet, die im Vorfeld definiert werden. Diese Kriterien können sich auf bestimmte Sprachhandlungen, wie das Sprechen in ganzen Sätzen oder die richtige Verwendung von Pronomen, Artikel oder Kasus, beziehen.

✔ **Dokumentiert:** Die Beobachtungen werden dokumentiert, um spätere Auswertungen zu ermöglichen. Dies kann in Form von Beobachtungsbögen, Video-/Audioaufnahmen oder Notizen erfolgen.

✔ **Evaluierbar:** Um valide Ergebnisse zu erzielen, wird die Beobachtung regelmäßig durchgeführt. So können Fortschritte oder Schwierigkeiten in der Sprachentwicklung kontinuierlich dokumentiert werden.

Was gewinnen Sie aus den systematischen Beobachtungen?

✔ Durch die Beobachtung können Sie den aktuellen Stand der sprachlichen Fähigkeiten eines Kindes feststellen. Insbesondere betrifft das die Fähigkeiten auf der »Oberfläche«: Wortschatz, grammatische Strukturen, Aussprache und Sprachverständnis.

✔ Kinder mit sprachlichen Auffälligkeiten (wie zum Beispiel einem verzögerten Spracherwerb oder Sprachstörungen) können mithilfe Ihrer Beobachtungen frühzeitig erkannt werden. So kann der Weg zur Sprachförderung oder -therapie frühzeitig geebnet werden.

✔ Sie nutzen Ihre Beobachtungen als Basis für einen ausführlichen Förderplan, der die individuellen sprachlichen Stärken und Schwachstellen des Kindes berücksichtigt.

✔ Durch regelmäßige Beobachtung können Sie den Erfolg der Sprachförderung überprüfen und gegebenenfalls anpassen.

Einige Beispiele zu ausgewählten Aspekten finden Sie in der Tabelle 6.2: Beispiele für systematische Beobachtungen in der Sprachförderung.

Aspekt	Beobachtungsziel	Ihre Beobachtung	Mögliche Fördermaßnahme
Wortschatz	Einschätzung des produktiven Wortschatzes zu einem bestimmten Thema oder einer Situation	Sie beobachten gezielt, wie viele verschiedene Wörter das Kind in einer bestimmten Situation (Spiel, Unterricht, Unterhaltung mit Ihnen oder zu einem passenden Bild) benutzt. Dabei notieren Sie die thematisch wichtigen Wörter, die es verwendet.	- Bilderbücher oder Spiele, die den Wortschatz gezielt erweitern, zum Beispiel »Was passt nicht?« oder »Wortschatzkoffer« - vor dem Lesen eines Textes die Bilder betrachten und relevanten Wortschatz sammeln
Satzbildung	Analyse der grammatischen Fähigkeiten	Sie können in einem gelenkten Gespräch mit dem Kind die Satzbildung analysieren. Dabei beobachten Sie, ob das Kind einfache Sätze (»Ich lese ein Buch«) oder komplexere Sätze (»Ich lese das Buch, um mehr über Pinguine zu erfahren«) bildet. Sie achten darauf, ob das Kind die richtige Wortstellung verwendet und Verben korrekt konjugiert.	Förderung durch Dialoge mit erweiterten Satzstrukturen oder Sprachspiele wie »Ich sehe was, was du nicht siehst« mit komplexeren Beschreibungen
Sprach-verständnis	Überprüfung des Sprach-verständnisses	Sie geben dem Kind einfache bis komplexe Anweisungen, um festzustellen, wie gut es diese versteht und umsetzt. Zum Beispiel bitten Sie das Kind: »Nimm bitte einen roten Stift aus der Kiste und kreise damit das Haus auf dem Aufgabenblatt ein.« Hier wird überprüft, ob das Kind die Aufforderungen korrekt versteht und ausführt.	Arbeiten mit komplexeren Anweisungen, Geschichten oder Sachtexten, bei denen das Kind Verständnisfragen beantworten muss

Aspekt	Beobachtungsziel	Ihre Beobachtung	Mögliche Fördermaßnahme
Aussprache	Identifikation von Artikulationsstörungen	Nicht nur ein Sprachtherapeut, sondern auch Sie können beobachten, wie ein Kind bestimmte Laute oder Lautkombinationen ausspricht. Zum Beispiel dokumentieren Sie, ob das Kind Lautersetzungsfehler macht (»Tauto« statt »Auto«) oder Laute wie »sch« oder »r« aussprechen kann.	Sprachübungen, die auf die korrekte Aussprache bestimmter Laute abzielen, wie Zungen- und Lippenmotorikübungen
Gespräche führen	Feststellung der sozialen und kommunikativen Fähigkeiten	Sie beobachten im Unterricht, dass einem Kind Sprachmittel fehlen, die das Kind daran hindern, eine eigene Meinung zu äußern.	Rollenspiele und Gespräche mit Hilfszetteln zu Satzanfängen (Ich finde, dass ..., Meiner Meinung nach ..., Ich glaube, dass ...)
Mehrsprachigkeit	Analyse der sprachlichen Fähigkeiten in beiden Sprachen	Sie beobachten zwei Kinder, die dieselben Sprachen sprechen und achten gezielt darauf, wie und warum sie zwischen den Sprachen wechseln. Sie beobachten auch, ob sie beide Sprachen gleich gut verstehen oder eine Sprache bevorzugen.	Unterstützung durch zweisprachige Materialien (Lieder, Reime, Spiele) oder Sprachförderprogramme, die auf die Entwicklung der Zweitsprache Deutsch abzielen

Tabelle 6.2: Beispiele für systematische Beobachtungen in der Sprachförderung

Wertvolle Erkenntnisse über die Sprachfähigkeiten von Kindern lassen sich oft schon durch gezielte und systematische Beobachtungen und Dokumentationen von Spiel-, Lern- und Gesprächssituationen gewinnen. Diese Erkenntnisse müssten allerdings für die Förderplanung aufbereitet werden. Das bedeutet, dass Sprach- und Schriftprodukte analysiert werden müssen.

Die Analyse ist eine systematische Untersuchung eines Gegenstandes oder Sachverhaltes, der zwecks einer systematischen Betrachtung und Auswertung in seine Bestandteile gegliedert wird. In Bezug auf die Sprachförderung ergeben sich dann zwei entscheidende Ziele: Man will zum einen verstehen, wie das Kind bestimmte sprachliche Formen gebraucht und zum anderen herausfinden, welche sprachlichen Regeln bereits sicher beherrscht werden und welche noch nicht. Bei Letzterem ist es eine Fehleranalyse, der in der Sprachförderung eine zentrale Rolle zukommt.

In der Abbildung 6.9 sehen Sie drei Beispiele zum Thema Kasus und Genus. Man sieht zwischen den Produkten quantitativ und qualitativ unterschiedliche Fehler.

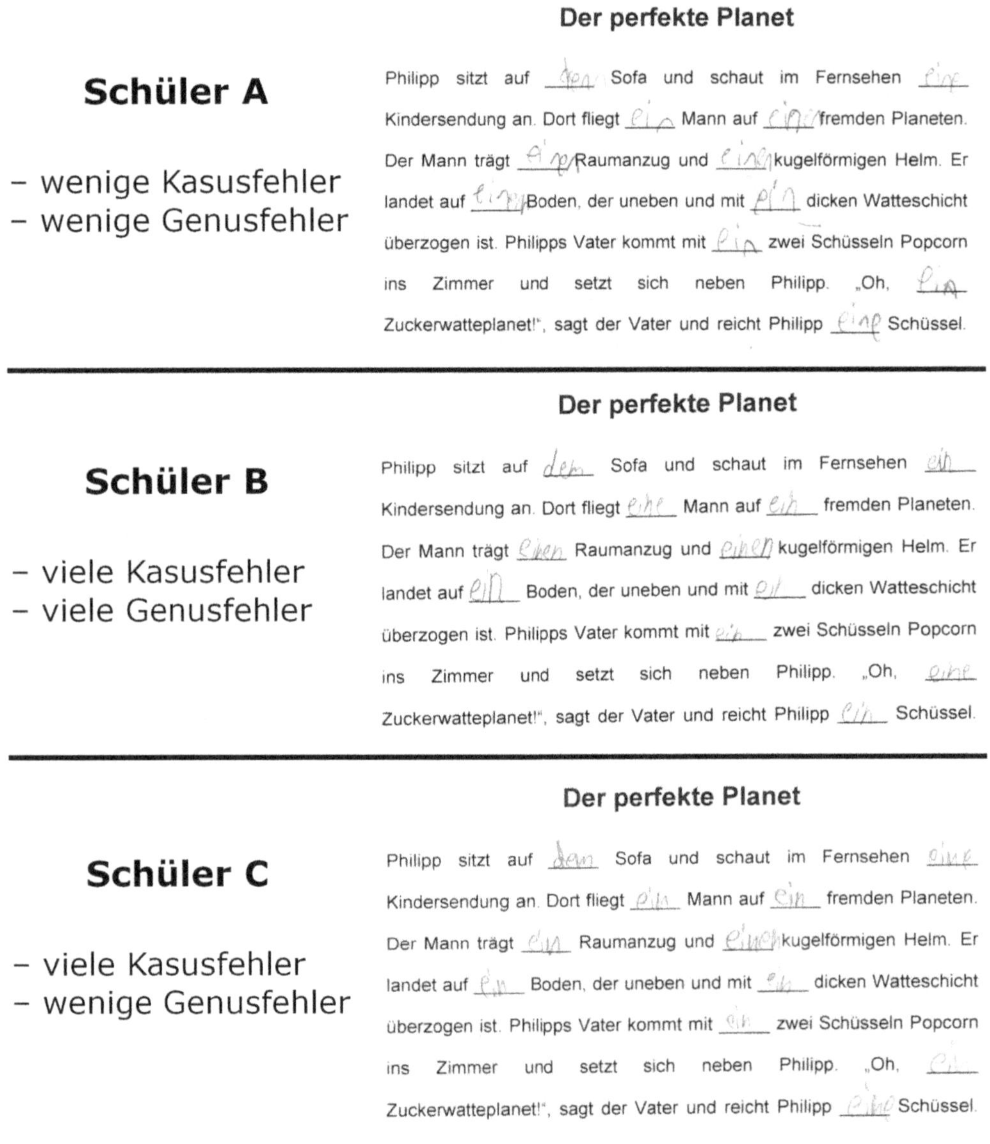

Der perfekte Planet

Schüler A

– wenige Kasusfehler
– wenige Genusfehler

Philipp sitzt auf _den_ Sofa und schaut im Fernsehen _eine_ Kindersendung an. Dort fliegt _ein_ Mann auf _einen_ fremden Planeten. Der Mann trägt _ein_ Raumanzug und _einen_ kugelförmigen Helm. Er landet auf _einem_ Boden, der uneben und mit _ein_ dicken Watteschicht überzogen ist. Philipps Vater kommt mit _ein_ zwei Schüsseln Popcorn ins Zimmer und setzt sich neben Philipp. „Oh, _ein_ Zuckerwatteplanet!", sagt der Vater und reicht Philipp _eine_ Schüssel.

Der perfekte Planet

Schüler B

– viele Kasusfehler
– viele Genusfehler

Philipp sitzt auf _dem_ Sofa und schaut im Fernsehen _ein_ Kindersendung an. Dort fliegt _eine_ Mann auf _ein_ fremden Planeten. Der Mann trägt _einen_ Raumanzug und _einen_ kugelförmigen Helm. Er landet auf _ein_ Boden, der uneben und mit _ein_ dicken Watteschicht überzogen ist. Philipps Vater kommt mit _ein_ zwei Schüsseln Popcorn ins Zimmer und setzt sich neben Philipp. „Oh, _eine_ Zuckerwatteplanet!", sagt der Vater und reicht Philipp _ein_ Schüssel.

Der perfekte Planet

Schüler C

– viele Kasusfehler
– wenige Genusfehler

Philipp sitzt auf _dem_ Sofa und schaut im Fernsehen _eine_ Kindersendung an. Dort fliegt _ein_ Mann auf _ein_ fremden Planeten. Der Mann trägt _ein_ Raumanzug und _einen_ kugelförmigen Helm. Er landet auf _ein_ Boden, der uneben und mit _ein_ dicken Watteschicht überzogen ist. Philipps Vater kommt mit _ein_ zwei Schüsseln Popcorn ins Zimmer und setzt sich neben Philipp. „Oh, _ein_ Zuckerwatteplanet!", sagt der Vater und reicht Philipp _eine_ Schüssel.

Abbildung 6.9: Beispiele für systematische Analysen zu Förderzwecken (Kasus und Genus)
Quelle: »Unbestimmter Artikel - Lückentext: Der perfekte Planet«, Grundschule Arbeitsblätter

Ein einziges Schriftprodukt reicht selbstverständlich nicht aus, um sich ein umfängliches Bild vom Kasus- und Genusgebrauch des Kindes zu verschaffen. Allerdings lassen sich hier folgende Tendenzen zeigen:

Schüler A beherrscht die Kasus- und Genusregeln weitgehend sicher. Die Lösungen von den anderen beiden Schülern zeigen aber Unsicherheiten. Die Unsicherheiten bestehen zum einen darin, dass Schüler B viele Kasus- und Genusfehler macht, und der Schüler C zwar wenige Genus- aber dafür mehr Kasusfehler produziert. Der aufmerksame Leser hat bestimmt den Tippfehler in der fünften Zeile (überflüssige Lücke) bei der Konzeption des Arbeitsblattes entdeckt. Wir ignorieren diese Stelle bei der Analyse natürlich.

Die Analyse ist kein Selbstzweck, sondern erfüllt eine ganz bestimmte Funktion. Man kann daraus ableiten, was dem Kind geläufig ist und was ihm fehlt. Erst, wenn wir weitere Schriftprodukte gesammelt und analysiert haben, haben wir eine sichere Basis für die Förderplanung geschaffen.

Beobachtungen und Analyse können auch mithilfe von systematischen Beobachtungsverfahren durchgeführt werden. Dafür wurden in der Praxis und in der Forschung für verschiedene Stufen (Kita, Vorschule, Grundschule) diagnostische Tests entwickelt. Zum Beispiel die Tests BaSiK, Liseb oder Sismik als Beobachtungsverfahren für den Einsatz in der Kita und Vorschule, ILEA, HAVAS 5 oder die Niveaubeschreibungen mit dem Schwerpunkt Deutsch als Zweitsprache als Analyseverfahren für den Einsatz in der Vor- und Grundschule. Teilweise empfehlen Bundesländer zur Feststellung des Sprachförderbedarfs einige dieser Verfahren (siehe auch die BiSS-Datenbank zu den Diagnoseverfahren).

Kommen wir nun wieder auf unsere Diagnoseverfahren zurück. Beobachtung und Analyse erlauben detaillierte Einsichten in das sprachliche Können des Kindes. Das Kind erwirbt diese Sprachfähigkeiten aber unter besonderen Bedingungen, die wir in Gesprächen erkunden können (und natürlich sollten).

In **Diagnosegesprächen** konzentrieren Sie sich auf zwei Dinge: die möglichst aufschlussreiche Rekonstruktion von äußeren Bedingungen des Spracherwerbs und die sprachliche Anamnese. Es geht also zum einen um die Frage, unter welchen äußeren Bedingungen das Kind die Sprache erwirbt, und zum anderen darum, wie das Kind die Sprache beherrscht.

Wie kann man die äußeren Bedingungen des Spracherwerbs erkunden (siehe Abbildung 6.10)? Zum Beispiel durch einfaches Nachfragen. Dieses Nachfragen kann im offenen und flexiblen Gespräch mit den Eltern stattfinden. Die Fragen sollten im Vorfeld geplant worden sein, damit Sie alle notwendigen Angaben, die Sie brauchen, erhalten. Diese Infos sollten Ihnen helfen, die Umstände der Sprachentwicklung möglichst gut zu rekonstruieren.

Zu wissen, dass ein Kind gerne Hörgeschichten anhört oder regelmäßig Kindernachrichten anschaut, hilft Ihnen, die Sprachförderung attraktiv und motivierend zu gestalten. Zu wissen, dass das Kind unterwegs gerne Schilder mitliest und gegebenenfalls unbekannte Wörter nachfragt, sind gute Ansätze für die Sprachförderung. Das zeigt unter anderem, dass das Kind auf Sprache und Schrift achtet, neugierig und aufmerksam ist. Bei älteren Kindern oder Jugendlichen können Sie die alterstypischen Themen auskundschaften, um daran in der Sprachförderung anzuknüpfen.

Der Kern eines Diagnosegesprächs besteht aber auch in der systematischen Dokumentation von Teilkompetenzen des Kindes. Die Förderkraft sollte dabei versuchen, durch gezielte Fragen, Interaktionen und Aufgaben herauszufinden, wie gut das Kind versteht und sich ausdrücken kann.

Abbildung 6.10: Äußere Bedingungen des Spracherwerbs erkunden

Nehmen wir als Beispiel ein Kind im Vorschulalter, das sprachliche Auffälligkeiten zeigt, insbesondere bei der Grammatik und Artikulation. Das Gespräch könnte folgendermaßen ablaufen (siehe Tabelle 6.3):

Phase	Kommentar	Möglicher Dialog (S: Förderkraft, K: Kind)
Begrüßung und Aufwärmphase	Förderkraft stellt eine Vertrauensbasis her.	S: »Hallo Mila! Wie geht es dir heute?«
	Sie achtet auf die ersten sprachlichen Äußerungen des Kindes (zum Beispiel vollständige Sätze, Wortschatz, Aussprache).	K: »Gut.«
		S: »Schön! Ich hab gesehen, du hast ein cooles T-Shirt an. Was ist da für ein Bild drauf?«
		K: »Das is' 'ne Katze.«
Überprüfung der Aussprache	Förderkraft prüft spielerisch, ob das Kind bestimmte Laute produzieren kann.	S: »Lass uns mal ein Spiel spielen! Ich zeige dir ein Bild, und du sagst mir, was du darauf siehst.«
	Sie achtet darauf, ob das Kind schwierige Laute wie »sch«, »pf«, »sp« korrekt artikulieren kann. Sie prüft aber auch, ob sich das Kind bei Schwierigkeiten selbst korrigieren kann.	S zeigt eine Bildkarte mit einer »Schlange«.
		K: »Da is' 'ne Sss…Schlange.«
		S: »Super! Was macht die Schlange?«
		K: »Sie zischt.«

Phase	Kommentar	Möglicher Dialog (S: Förderkraft, K: Kind)
Überprüfung des Wortschatzes	Förderkraft überprüft mit Wortkarten, Bildern oder Spielzeugen den Wortschatz des Kindes. Sie fragt nach Bezeichnungen.	S: »Und jetzt schau mal hier, was ist das?« (zeigt auf ein Bild von einem Traktor)
	Sie fragt nicht nur nach der Bezeichnung, sondern auch, ob das Kind in der Lage ist, Bedeutungen und Funktionen zu beschreiben.	K: »Das is' ein Trecker.« S: »Und was macht ein Trecker?« K: »Der fährt ... auf dem Feld.«
Überprüfung der grammatischen Fähigkeiten	Förderkraft möchte nun die Satzstruktur und grammatische Fähigkeiten erfassen.	S: »Erzähl mir mal, was du am Wochenende gemacht hast.«
	Hier achtet sie zum Beispiel auf die Verwendung der Zeitform Perfekt sowie auf Satzstrukturen (Subjekt – Verb – Objekt). Das Kind zeigt eine Unsicherheit bei der Vergangenheitsform (»wir hat... hatten«), worauf die Förderkraft nicht sofort korrigiert, sondern durch sanftes Nachfragen mehr Input sammelt.	K: »Ich war bei Oma und wir hat... hatten gespielt.« S: »Was habt ihr denn gespielt?« K: »Mit Puppen. Ich hab die Puppen angezogen.«
Überprüfung der pragmatischen Fähigkeiten	Zum Schluss wird auch die pragmatische Kompetenz getestet, also die Fähigkeit, Sprache im sozialen Kontext richtig anzuwenden.	S: »Was würdest du sagen, wenn du bei Oma bist und etwas zu trinken möchtest?«
	Die Fragen zielen darauf ab, zu sehen, ob das Kind versteht, wann welche sprachlichen Formen (Höflichkeitsformeln, Begrüßung, Verabschiedung) angebracht sind.	K: »Kann ich bitte Saft haben?« S: »Sehr höflich! Und was sagst du, wenn du nach Hause gehst?« K: »Tschüss, bis bald!«
Abschluss und Zusammenfassung	Zum Ende des Gesprächs fasst die Förderkraft die gesammelten Beobachtungen zusammen und gibt dem Kind ein positives Feedback.	S: »Das war super, Mia! Du hast mir ganz viel erzählt und tolle Sachen gewusst. Nächstes Mal spielen wir vielleicht noch mehr mit den Bildern, okay?«
	Sie notiert im Anschluss an das Gespräch die Auffälligkeiten, zum Beispiel die Schwierigkeiten bei der Vergangenheitsbildung, Unsicherheiten bei Lauten – und erstellt darauf basierend einen Förderplan.	

Tabelle 6.3: Beispiel für ein Diagnosegespräch zur sprachlichen Anamnese

Dieses Diagnosegespräch ist ein Beispiel dafür, wie flexibel und zugleich strukturiert Sie vorgehen, um alle Ebenen der Sprachfähigkeit zu erfassen. Die lockere Atmosphäre hilft, eine möglichst authentische Sprachprobe zu bekommen, während gezielte Fragen und Aufgaben verschiedene sprachliche Ebenen abdecken: von Artikulation über Grammatik bis hin zur Pragmatik.

Die Sprachdiagnose umfasst nicht nur informelle Beobachtungen und Gespräche mit dem Kind, sondern auch formelle Testverfahren, die objektive Daten liefern. Die Planung einer fundierten Sprachförderung erfordert die Verknüpfung von subjektiven Eindrücken und objektiven Ergebnissen. Informelle Verfahren wie Spontansprachanalysen, Beobachtungen oder Elternbefragungen bieten Einblicke in das Sprachvermögen des Kindes. Formelle Tests hingegen liefern objektive Erkenntnisse über spezifische Aspekte der sprachlichen Kompetenz. Eine ausgewogene Kombination dieser beiden Informationsquellen ist für eine faire, objektive und kindgerechte Förderplanung wichtig.

Tests gibt es im Schulalltag reichlich. Wenn die Schüler nächsten Montag einen Vokabeltest schreiben sollen, möchte die Lehrkraft nicht den Kindern das Leben schwermachen, sondern überprüfen, ob und welche Wörter sie gelernt haben. Für den Test in der Schule wird vorher üblicherweise gelernt und er wird benotet. In der Sprachdiagnostik ist das etwas anders.

Der Test in der Schule und der Test in der Sprachdiagnostik haben zunächst einmal viele Gemeinsamkeiten. In beiden Kontexten muss der Test verlässliche Ergebnisse liefern. Ein Test muss beispielsweise genau das abfragen, was auch beabsichtigt ist, zu prüfen (zum Beispiel den Wortschatz der kürzlich abgeschlossenen Einheit oder das Addieren im Zahlenraum 1 000). Ein Test in der Sprachdiagnostik soll ebenfalls genau das überprüfen, was er beabsichtigt zu prüfen, zum Beispiel Leseverständnis und nicht grammatische Fähigkeiten. Außerdem kann man mit einem Test das Wissen und die Fähigkeiten zu einem bestimmten Thema – unabhängig von subjektiven Einschätzungen des Fragenstellers – feststellen. Der Test schafft also objektive Bedingungen.

Im Grunde geht es in Tests darum, individuelle Fähigkeiten zu einem bestimmten Zeitpunkt zu messen, und das möglichst genau. Der Unterschied besteht darin, was man mit den Ergebnissen schließlich macht. Während in der Schule Tests benotet werden, die sich auf den bisherigen Lerninhalt beziehen, um sie dann in die Zeugnisnote einfließen zu lassen, interessieren sich die Förderkräfte in der Sprachdiagnostik – unabhängig von schulischen Lerninhalten – vielmehr für die Fragen: Was kann das Kind? Was braucht es noch? Wie entwickelt es sich?

Sprachdiagnostische Tests haben verschiedene Funktionen. Mit einigen kann man lediglich feststellen, ob ein Kind im Vergleich zum Durchschnitt einer repräsentativen Gruppe von Kindern in seiner Sprachentwicklung verzögert ist oder nicht. Einige andere Verfahren gehen einen Schritt weiter und geben erste Hinweise für eine anschließende Sprachförderung.

✔ Braucht das Kind in einem bestimmten Teilbereich eine zusätzliche Sprachförderung?

✔ Welche Schwerpunkte sollten in der Sprachförderung prioritär behandelt werden?

Standardisierte Sprachdiagnostik ist in der Regel zum Feststellen des Förderbedarfs unzureichend. Um Handlungsschwerpunkte für die anschließende Förderung abzuleiten, sollten Sie die Ergebnisse von Standardtests mit informellen Beobachtungen und Tests zusammenführen. Es gilt: mit den Ergebnissen der Diagnostik und Ihrer Beobachtungen und Analysen das passende Förderinstrument zu finden oder das passende Förderangebot zu erstellen.

Im zweiten Kapitel (Abschnitt »In der Schule«) haben wir das BiSS-Projekt vorgestellt. In diesem Projekt wurden zahlreiche Diagnoseverfahren und Förderinstrumente für verschiedene Schulstufen nach wissenschaftlichen Kriterien geprüft. Diese Sammlung hilft Ihnen, das passende Diagnosemittel für Ihr Vorhaben zu finden.

Den Test können Sie aber auch für eine andere wichtige Angelegenheit nutzen – Und zwar für die Frage, ob Ihre Fördermaßnahme wirksam war oder nicht. Testen Sie dazu das Kind vor und nach Ihrer Sprachförderung oder in regelmäßigen Abständen und vergleichen Sie die Ergebnisse. So können Sie seine Entwicklung mit objektiven Verfahren messen und verfolgen.

Nicht ohne Förderziele

Sie haben nun Ergebnisse aus den Beobachtungen, Analysen und gegebenenfalls aus Tests. Das sind gute Startbedingungen. Aber wie machen Sie nun weiter?

Sie formulieren als Nächstes Förderziele. Diese Ziele sind das solide Fundament, auf dem jede erfolgreiche Sprachförderung aufbaut. Dabei ist es wichtig, sowohl große als auch kleine Etappenziele zu setzen, damit Sie den Fortschritt des Kindes Schritt für Schritt verfolgen können. Förderziele geben Ihrer Sprachförderung die richtige Richtung und sorgen dafür, dass der Lernprozess in machbaren Teilaufgaben gemeistert wird. Und vergessen Sie nicht: Es geht nicht nur darum, Schwächen abzuschaffen. Konzentrieren Sie sich auf die Stärken des Kindes – damit erreichen Sie die gemeinsamen Ziele besser!

 Prinzip 8: Planen heißt Ziele haben!

Ich sorge mit der zielorientierten Planung der Sprachförderung für einen Ausbau der Sprachkompetenzen auf Grundlage der vorhandenen Stärken.

Jedem förderlichen Sprachhandeln liegt eine spezifische Zielsetzung zugrunde. Diese Zielsetzungen berücksichtigen die Erkenntnisse, die Sie aus der Diagnostik erhalten haben. Auf dieser Grundlage richten Sie die Förderung so aus, dass die Sprachfähigkeiten des Kindes gezielt ausgebaut werden. Aber Vorsicht: Die Ziele sollten realistisch sein! Sie wollen das Kind ja nicht überfordern, sondern ihm Erfolge ermöglichen, damit es seine Erfolgserlebnisse genießen kann.

Bei der Entwicklung von Förderzielen empfehlen wir Ihnen, sich an den folgenden Fragen zu orientieren:

✔ Welche sprachlichen Kompetenzen hat das Kind bereits entwickelt und welche sollen weiter gefördert werden?

Die benötigten Antworten bekommen Sie bereits in der diagnostischen Phase durch die Beobachtungen, Analysen, Gespräche, Tests etc. Anhand dieser Informationen können Sie Förderziele so formulieren, dass Sie sie an die bereits vorhandenen Fähigkeiten anknüpfen und diese weiterentwickeln. Das Ziel ist es, das Kind dort abzuholen, wo es steht, um eine natürliche Lernprogression zu ermöglichen (Denken Sie an die Zone der aktuellen Entwicklung, siehe Kapitel 6, Abschnitt »Das Kind macht die Musik«).

✔ Welche sprachlichen Schwierigkeiten zeigen sich und welche Bereiche bedürfen besonderer Unterstützung?

Diese Frage dient dazu, spezifische Herausforderungen, die das Kind bewältigen muss, zu identifizieren. (Denken Sie daran: Die sprachlichen Ressourcen des Kindes wachsen mit jedem Lernfortschritt. Für seine Lernfortschritte sind sowohl das Kind als auch die erwachsenen Bezugspersonen verantwortlich. Das heißt, auch Sie!

Ob es sich um Probleme im Wortschatz, in der Grammatik oder in der Aussprache oder beim Erzählen handelt, die Förderziele sollten diese Aspekte aufgreifen und Maßnahmen enthalten, die gezielt an diesen Schwierigkeiten arbeiten.

✔ Wie kann der sprachliche Fortschritt in kleinen, erreichbaren Schritten gemessen werden?

Die Sprachentwicklung ist oft kleinschrittig. Das bedeutet, dass auch die Sprachförderung kleinschrittig zu evaluieren ist. Dazu benötigen Sie Zwischenziele. Indem die Förderung in klar definierte Etappen unterteilt wird, kann überprüft werden, ob das Kind die gesetzten Zwischenziele erreicht. Dies ermöglicht es, die Förderung flexibel anzupassen und auf individuelle Lernfortschritte oder -rückstände zu reagieren.

✔ Welche Methode eignet sich gut, um die gesetzten Förderziele zu erreichen?

Es ist wichtig, zu wissen, welche Methoden sich für welche Förderziele eignen. Es gilt zu überlegen, welche Ansätze am besten zu den individuellen Bedürfnissen des Kindes passen. Soll der Schwerpunkt auf spielerischen Elementen oder auf strukturierter Sprachvermittlung liegen? Oder profitiert das Kind mehr aus einer Mischung? Die Förderkraft stellt sicher, dass die Methoden dem Kind gerecht werden und es motivieren können.

✔ Wie können Eltern und andere Bezugspersonen in die Umsetzung der Förderziele einbezogen werden?

Es ist für Ihre Sprachfördertätigkeit insgesamt förderlich, wenn Sie mit möglichst vielen Personen, die sich an der Sprachentwicklung des Kindes aktiv beteiligen, kooperieren. Eltern haben beispielsweise die Möglichkeit, das Kind auch außerhalb der formalen Förderung zu unterstützen und so den Transfer des Gelernten in den Alltag zu fördern. Indem Eltern in den Förderprozess eingebunden werden, können sie als wertvolle Partner fungieren und zur Verstetigung der Fortschritte beitragen. So gewähren Sie außerdem den Eltern Einblicke in Ihre professionelle Sprachförderarbeit.

Ihre konkrete Sprachförderarbeit beginnt mit der Formulierung von Förderzielen. Wir möchten an ausgewählten Förderbereichen (siehe Kapitel 8) und an fiktiven Entwicklungsständen mögliche Formulierungen von Förderzielen aufzeigen (siehe Tabelle 6.4).

Die Formulierung von Förderzielen hat eine besondere Sprache. In der Regel wird das zu erreichende Ziel als soll-Satz formuliert und das erreichte Entwicklungsniveau als ein kann-Satz. Es hat sich außerdem als praktisch erwiesen, wenn man sich bei der Formulierung von Förderzielen an den SMART-Regeln orientiert: Ein Förderziel sollte spezifisch, messbar, angeschlossen, realistisch und terminiert sein.

Förderbereich	Entwicklungsstand	Übergeordnetes Förderziel	Zwischenziel
Grammatik/ Sprachgebrauch	Mia kann einfache Hauptsätze weitgehend in korrekter Wortstellung (Subjekt – Verb – Objekt) wiedergeben.	Mia soll die Inversion in einfachen Hauptsätzen kennenlernen und festigen.	Mia soll nach der Sprachfördereinheit in der Lage sein, in einfachen Hauptsätzen das Subjekt dem Prädikat nachzustellen, wenn das Vorfeld durch ein anderes Satzglied belegt ist. »Ich mache meine Hausaufgaben. Danach gehe ich auf den Spielplatz«.
Schriftliche Äußerung	Titus kann Haupt- und Nebensätze korrekt bilden. Er kennt einige wenige deiktische Elemente (dort, da, damit).	Titus soll einfache, zusammenhängende Sätze zu einem vorgegebenen Thema schreiben können.	Titus soll nach einer Schreibübung in der Lage sein, einen kurzen Text (3–5 Sätze) über seinen letzten Ausflug zu verfassen.

Tabelle 6.4: Entwicklung passender Förderziele

Eine weitere wichtige Aufgabe der Sprachförderung ist es, die Fortschritte des Kindes regelmäßig zu dokumentieren und mit den Förderzielen abzugleichen. Dieser konsequente Vergleich zwischen Ist- und Soll-Zustand ermöglicht es Ihnen, die Förderplanung stets anzupassen. Sie arbeiten zwar auf ein bestimmtes Ziel hin, die Bedingungen auf dem Weg zu diesem Ziel verändern sich allerdings durch die Fortschritte des Kindes. Das erfordert eine gewisse Flexibilität in der Handhabung der Förderplanung. Behalten Sie die übergeordneten Förderziele als grobe Zielvorstellungen stets im Auge und überprüfen Sie regelmäßig die »Aktualität« der Zwischenziele. Zeigen sich Fortschritte, kann das Kind motiviert werden, indem es spürt, dass es in seiner Entwicklung vorankommt. In Bereichen, in denen noch Schwierigkeiten bestehen, kann gezielt nachjustiert werden. So bleibt die Förderung stets kindorientiert.

Das Ziel der zielbasierten Sprachförderung ist es auch, das beabsichtigte Förderziel zum Entwicklungsstand zu machen. So entsteht eine spiralförmige Entwicklung (siehe Abbildung 6.11). Die Erreichung eines Förderziels kann dabei ein Anlass sein, die nächsten Schritte zu planen und neue Ziele zu definieren. Sprachförderung endet nicht mit der Lösung eines bestimmten Problems, sondern entwickelt sich kontinuierlich weiter, indem immer neue Entwicklungsaufgaben erkannt und angegangen werden.

Es ist sehr wichtig, zu verstehen, dass Sprachlernen längere Zeiträume in Anspruch nimmt und dass gleichzeitig eine gute, frühe Sprachförderung sich erst Jahre später »auszahlt«. Bleiben Sie also beharrlich bei Ihrem Sprachförderangebot. Lassen Sie sich nicht entmutigen, wenn das Kind den Fehler immer noch macht. Es verhält sich nämlich so, dass kein Fehler sofort verschwindet, sondern so, dass das Kind den Fehler *immer seltener* macht.

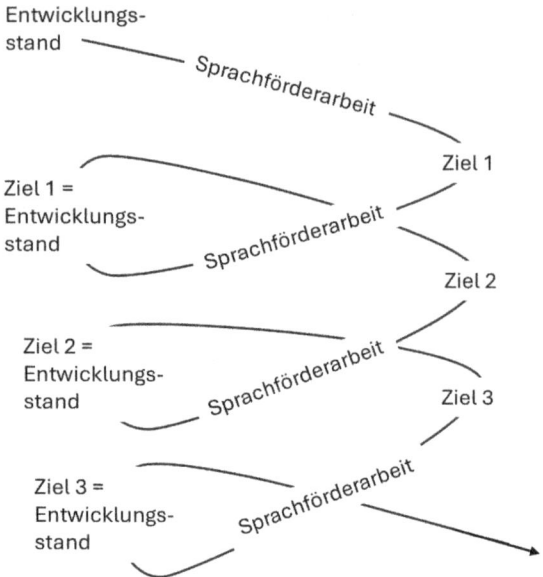

Abbildung 6.11: Spiralförmige Entwicklung der Sprachförderarbeit

Unser Gehirn registriert leider nicht, wie oft das Kind den Fehler macht, sondern lediglich, dass der Fehler noch vorkommt. Würden wir die Anzahl der Fehler regelmäßig dokumentieren können, würden wir eine langsame Abnahme erkennen können. Dies ist sehr wichtig zu verstehen, damit Sie nicht verzweifeln und das Kind weiterhin vom Sprachförderangebot profitiert. Wiederholungen spielen bei allem Lernen, aber beim Spracherwerb und Sprachlernen im Besonderen, eine sehr entscheidende Rolle.

Halten wir nun fest: Die am Anfang des Abschnittsgenannten Leitfragen helfen, den Förderprozess strukturiert und systematisch anzugehen. Sie bieten der Förderkraft Orientierung und ermöglichen eine präzise Planung und Durchführung der Sprachförderarbeit. Nur durch eine klare Zielformulierung und regelmäßige Überprüfung der Fortschritte kann sichergestellt werden, dass die Sprachförderung nachhaltig und effektiv ist.

Die Formulierung von Förderzielen ist nun der erste Schritt der Förderplanung. Sicherlich möchten Sie wissen, was die nächsten Schritte sind und was der Förderplan enthält. Im letzten Abschnitt des Kapitels konzentrieren wir uns auf den Aufbau des Förderplans.

Der Förderplan

Ein Sprachförderplan (kurz der Förderplan) baut auf individuellen Ausgangslagen auf. Ohne die speziellen Infos würde man möglicherweise Bereiche fördern, die das Kind gar nicht braucht, während wichtige Aspekte übersehen werden. Das ist ein bisschen so wie ein Ernährungsplan. Ohne die negativen und positiven Essgewohnheiten zu kennen, und ohne zu wissen, ob und welche Einschränkungen es aus medizinischen beziehungsweise gesundheitlichen Gründen gibt, ist Ihr Ernährungsplan kaum Erfolg versprechend oder sogar gefährlich.

Bleiben wir aber bei der Sprachförderung. Zum Glück geht es hier nicht um Leben oder Tod, sondern um Königs- und Holzwege.

Prinzip 9: Der Förderplan ist in der Sprachförderung der Königsweg.

Ich schaffe mit der systematischen Planung der Sprachförderung gute Ausgangs- und Lernbedingungen.

Mit dem Förderplan treffen Sie Vereinbarungen zwischen der Sprachförderarbeit, Ihnen selbst (als durchführende Person) und dem Kind (als Adressat der Sprachförderung) (siehe Abbildung 6.12).

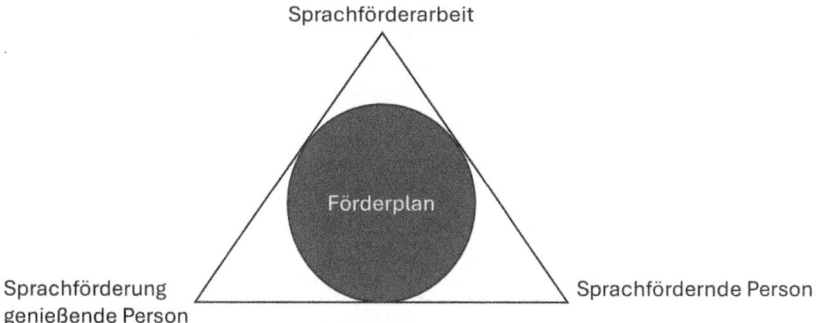

Abbildung 6.12: Förderplan

Sie legen mit dem Förderplan fest, welche Sprachkompetenzen entwickelt werden sollen, welche Methoden und Materialien dafür genutzt werden sollen und wie Sie den Fortschritt dokumentieren und evaluieren werden. Sprachförderpläne kommen oft in Kindergärten, Grundschulen oder Fördereinrichtungen vor und werden den Lernentwicklungsgesprächen (Schwerpunkt Sprache) zugrunde gelegt.

Der Förderplan ist kein straffes Programm, sondern ein dynamisches Arbeitsinstrument. In diesem Plan sind enthalten:

✔ Allgemeine Informationen über das Kind (Name, Alter, Datum, Klassenstufe/Gruppe, Bezugspersonen, besondere Hinweise etc.)

✔ Ausgangssituation (der aktuelle Sprachstand und die Ergebnisse der Sprachdiagnostik)

✔ Förderziele

✔ Beschreibung der Fördermaßnahmen (zum Beispiel spezielle Übungen, Spiele oder Lieder oder auch spezielle Förderprogramme)

✔ Beschreibung der Methoden und Materialien (beispielsweise passende oder eigens entwickelte Arbeitsblätter, Sprachspiele oder Materialien aus dem Förderprogramm)

✔ Zeitraum

✔ Form und Zeitpunkte der Beobachtung und Evaluation

✔ Informationen über Kooperationen mit Instituten, Eltern, Lehrkraft etc.

Für gerne in Beispielen denkende Leser haben wir im Folgenden die Bestandteile des Förderplans in Beispielen weitergedacht (siehe Tabelle 6.5). Kennen Sie noch den Titus? Die sprachlichen Ressourcen des Kindes wachsen mit jedem Lernfortschritt. Für seine Lernfortschritte sind sowohl das Kind als auch die erwachsenen Bezugspersonen verantwortlich. Das heißt, auch Sie!

Förderplan für Titus (Stand 09.09.2024)	
Vor- und Nachname	Titus Muster
Klasse	Klasse 2a
Förderkraft	Ires Power
Ausgangssituation	Titus ist ein fröhlicher, aufgeschlossener Junge, der gerne mit anderen Kindern spielt. Er spricht zum Großteil in ganzen Sätzen und kann sich bei Gelegenheit des Öfteren selbst verbessern. Er beherrscht bereits einen kleinen, lebensnahen Wortschatz.
	Bei der Sprachentwicklung zeigen sich einige Verzögerungen: Titus hat Schwierigkeiten bei der Kasusbildung, und neigt dazu, Wörter falsch zu betonen. Sein Wortschatz ist in einigen Lebensfeldern noch etwas begrenzt. Er hat noch Schwierigkeiten, die jeweils korrekte, lokale Präposition und die passenden Artikel (in Genus und Kasus) zu finden.
Förderziele	Titus soll die Deklination von Nomen im Akkusativ sicher beherrschen.
	Titus' Wortschatz in ausgewählten lebensnahen Kontexten (zu Hause, im Klassenzimmer, im Schwimmbad) soll erweitert werden.
	Titus soll die natürliche Betonung zwei- und dreisilbiger Wörter sicher beherrschen.
	Titus soll die korrekte Verwendung von lokalen Präpositionen in alltäglichen Sätzen sicher beherrschen.
Fördermaßnahmen	tägliches Sprachspiel (»Ich sehe was, was du nicht siehst«) zur Wortschatzerweiterung
	regelmäßiges Hören von Hörgeschichten und Vorlesen zur Rezeption und Aneignung natürlicher Betonung
	systematische Übungen zum Akkusativ mit passenden Verben (und gegebenenfalls Präpositionen)
	Zimmer- und Gegenstandsbeschreibung mit lokalen Präpositionen
Methoden und Materialien	Sprachspiele (zum Beispiel »Wörterkette«)
	Hörgeschichten (Hanno malt sich einen Drachen, Findefuchs, Der Regenbogenfisch)
	passende Arbeitsblätter mit Übungen zum Akkusativ mit neu erworbenem Wortschatz
	Präpositionskarten, um Alltagsgegenstände räumlich zuzuordnen
Zeitrahmen	September bis Dezember 2024 (vier Monate)

Förderplan für Titus (Stand 09.09.2024)	
Beobachtung und Evaluation	wöchentliche Sprachbeobachtung in der Klassengruppe
	monatliches Gespräch mit den Eltern und der Klassenlehrerin zur Rückmeldung
	Abschlussbewertung am Ende des Förderzeitraums für das Kind, die Eltern und die Lehrkraft
Kooperationen	Eltern als Unterstützung beim täglichen Hören von Hörgeschichten

Tabelle 6.5: Ein beispielhafter Förderplan

In einem Förderplan sehen Sie konkret, was Sie wie und womit fördern sollen und können und auf was Sie dabei aufbauen können. Mit diesem Förderplan machen Sie sich und den anderen Beteiligten klar, über welche Ressourcen das Kind verfügt, auf die Sie in der Sprachförderarbeit aufbauen. Mit dem Plan machen Sie die Potenziale klar, die mithilfe Ihrer professionellen Vorgehensweise entfaltet werden können.

Letztlich ist es auch die Aufgabe der Förderkraft, eine förderliche Lernumgebung zu schaffen, die dem Kind nicht nur eine sprachliche, sondern auch eine soziale und emotionale Sicherheit bietet. Kinder lernen am besten, wenn sie sich wohlfühlen und ernst genommen werden. Eine wertschätzende und vertrauensvolle Beziehung zwischen Kind und Förderkraft ist der Grundstein für eine erfolgreiche und wirksame Sprachförderung.

Wichtige Aussagen des Kapitels in aller Kürze:

✔ Lernbeobachtungen und Ergebnisse der Sprachdiagnostik dienen als Wegweiser für die Sprachförderplanung.

✔ Die Sprachdiagnostik dient zur Ermittlung des aktuellen Sprachentwicklungsstandes und sollte mit sprachrelevanten Informationen aus der Lebenswelt des Kindes gestützt werden, um ein ganzheitliches Bild über die Sprachentwicklung zu erlangen.

✔ Im Förderplan werden Förderziele, Förderbereiche und Methoden festgelegt. Dieser dient in der konkreten Sprachförderarbeit als Orientierung und ist an die Entwicklungsschritte des Kindes fortlaufend anzupassen.

✔ Erst durch eine verlässliche Diagnostik wird aus einer Vermutung eine fundierte Aussage.

✔ Das Ergebnis der Diagnostik ist die Grundlage für eine zielgerichtete Sprachförderung.

✔ Man sollte zwischen einem vermuteten und einem diagnostizierten Förderbedarf unterscheiden.

Es ist uns bewusst, dass in der Praxis häufig die Zeit, das Personal oder gar der fachliche Hintergrund oder Befugnisse für objektive Testungen fehlen. Auch wenn wir zu sehr betont haben, dass eine Feststellung von Sprachschwierigkeiten unter objektiven Bedingungen wichtig ist, sind alltägliche Lernbeobachtungen ebenfalls wertvoll. Sie kosten nichts und sind zeitlich weniger aufwendig. Allerdings können die subjektiven Beobachtungen auch von persönlichen Überzeugungen und (unbewussten) Vorurteilen beeinflusst sein. Diagnoseverfahren verringern diese Gefahr.

Nun wissen Sie, wie man die Sprachförderung systematisch plant. Das erleichtert Ihnen die Arbeit enorm und erhöht die Wirksamkeit Ihres Tuns, was selbstverständlich den Kindern zugutekommt.

Was wir bisher noch nicht thematisiert haben, ist die Frage, wie Sie in bestimmten Situationen auf die Sprache der Kinder angemessen reagieren können. Sie gehen bei Ihren Reaktionen strategisch vor. In der Sprachförderpraxis haben sich diverse Techniken und Strategien als wirksam erwiesen. Diese möchten wir Ihnen im Folgenden vorstellen.

Kapitel 7
Gehe strategisch vor

Während die Prinzipien die Konzeption der Sprachförderung betreffen und zum Handlungswissen der Förderkraft gehören, beziehen sich die Techniken auf die Handlungsfähigkeit der Förderkraft. Ohne diese Techniken wüssten Sie nicht, wie Sie auf kindliche Äußerungen angemessen und förderlich reagieren können. Das oberste Ziel der Sprachförderung ist ja, das Kind möglichst viel sprechen und ausprobieren zu lassen und dabei Schritt für Schritt in die systematische Struktur der Sprache einzutauchen. Sie sollen das Kind weniger belehren, sondern vielmehr mit Sprachspielen, Liedern, Gesprächsangeboten und Erzählsituationen in die Strukturen, Anwendungen und die Natur der Sprache einladen.

Die Techniken sind die praktische Seite der Sprachförderung und geben konkrete Hinweise darauf, wie die Förderkraft in bestimmten Interaktionssituationen förderlich agiert. Die Leitfrage lautet dazu: Welche Techniken stehen mir zur Verfügung, die Förderziele in effizienter Weise zu erreichen? Je nach Gesprächssituation weisen die Techniken verschiedene Funktionen auf (siehe Tabelle 7.1):

Funktion	Sprachfördertechnik
stimulieren	handlungsbegleitendes Sprechen, geleitetes Fragen
modellierend ergänzen	Expansion
modellierend korrigieren	Umformung
modellierend erweitern	Extension

Tabelle 7.1: Funktionen der Sprachfördertechniken

Diese Techniken sind nicht als Teil des Förderplans oder des Förderprogramms zu verstehen, sondern als übergeordnete Handlungsmuster, auf die die Förderkraft in der Sprachförderarbeit bewusst zurückgreifen kann.

Sprich, während du handelst

Handlungsbegleitendes Sprechen ist eine Sprachfördertechnik, bei der das Sprechen mit einer konkreten Handlung verbunden wird. Es bedeutet, dass die Förderkraft simultan oder unmittelbar während einer Aktivität beschreibt, was sie gerade tut oder was das Kind tut. Sie spricht beispielsweise, während sie sich bewegt, etwas sucht oder etwas tut. Diese Technik wird oft im frühen Spracherwerb eingesetzt. Neben dem Beschreiben von Handlungen können auch Gedanken mitgeteilt werden (»Ich denke, man muss erst diese Ecke falten, also versuche ich das mal …«).

 Ein Erzieher und ein Kind gehen Hand in Hand durch die Kita und suchen gemeinsam den besten Freund. Während sie um die Ecke laufen, sagt der Erzieher zum Kind: »Wir laufen jetzt um die Ecke und schauen, ob Linus im Spielzimmer ist.«

Warum ist handlungsbegleitendes Sprechen förderlich?

✔ Handlungen werden so lebendig. Es werden Wörter eingeführt, die das Kind lernt, um tägliche Handlungen zu bezeichnen und es erweitert so seinen spezifischen Wortschatz.

✔ Es lernt den Wortschatz im Handlungszusammenhang und in einem alltagsnahen und authentischen Kontext kennen.

✔ Die Förderkraft lenkt die Aufmerksamkeit des Kindes auf die sprachlichen Begriffe, die mit der Tätigkeit verbunden sind. Damit fördert sie die Konzentration und das gezielte Zuhören mit.

✔ Die Förderkraft ist ein Sprachvorbild. Das Kind hört von ihr korrekte und neue grammatische Strukturen.

✔ Diese Technik fördert den Dialog und schafft eine wertvolle Gelegenheit für die Interaktion, die für die Sprachentwicklung grundlegend ist.

Zur Umsetzung dieser Technik brauchen Sie praktisch nichts weiter als den Dialog mit einem Kind. Sie können zu jedem Dialog und jeder Handlung handlungsbegleitend sprechen. In diesem Sinne kann man diese Technik auch als eine grundsätzlich sprachförderliche Haltung verstehen. Kinder werden ermutigt, eigene Handlungen zu beschreiben und eigene Gedanken auszudrücken. Das fördert Reflexionskompetenzen, die für das Lernen und das soziale Miteinander relevant sind.

Rege an mit deinen Fragen

Fragen regen zum Sprechen und Nachdenken an. Allerdings gibt es unterschiedliche Fragetechniken, die das Kind in unterschiedlicher Intensität sprachlich anregen. Die Kunst besteht darin, je nach gewünschter Elizitation, die geeigneten Fragen zu stellen.

Geschlossene Fragen, also solche, für die eine Ja/Nein-Antwort verlangt werden (»Hast du die Spielsachen aufgeräumt?«), eignen sich für Situationen, in denen sich die Kinder wenig produktiv äußern können. Die Fragen bieten den Wortschatz und den Satzbau an. Die Kinder können sich durch ein einfaches Ja oder Nein verständigen, das heißt, sie setzen ihre rezeptiven Kompetenzen ein.

Ein anderes Angebot bieten die Alternativfragen an (»Möchtest du, dass ich dir *Emil und die Detektive* oder *Gregs Tagebuch* vorlese?«). Bei dieser Frageart wiederholt das Kind einen Teil der Frage als Antwort. Es bietet sich also auch an, um produktive Sprachkompetenzen unterstützt (Scaffold) zu fördern.

Offene Fragen eignen sich dafür, Kinder zu längeren mündlichen Beiträgen zu animieren (»Wie bist du heute in die Schule gekommen? Es fuhr doch kein Bus!«). Kinder mit wenig ausgeprägten produktiven Sprachkompetenzen können mit offenen Fragen überfordert werden. Kinder mit besseren produktiven Sprachkompetenzen können angeregt werden und sogar durch eine Reihe von offenen Fragen als Scaffold zu einer kurzen Erzählung animiert werden.

Kurze Abfragen wie »Was ist das?«, die zum einen keine Sätze verlangen und zum anderen keinen Dialog eröffnen, sind weniger förderlich im Hinblick auf die Förderung von Gesprächs- und Erzählkompetenzen. Diese Fragetechnik wäre aber beispielsweise bei der Ermittlung der Wortkenntnisse des Kindes in der Sprachdiagnostik durchaus angemessen. Sie hat also vielmehr eine diagnostische als eine förderliche Funktion. Man kann diese Frageart aber auch umwandeln und als Merkübung beim Erlernen von Namen von Gegenständen einsetzen. Man kann hier auch die Frage variieren und beispielsweise beim Betrachten von Bilderbüchern nach den Gegenständen fragen: »Wo ist die Straßenlaterne?« Nach einer Weile können auch die Kinder miteinander dieses Nenn- und Finde-Spiel spielen.

Offene Fragen elizitieren längere mündliche Beiträge. Das Kind muss aus seinem Wortschatz schöpfen und ganze Sätze bilden oder Erzählungen strukturieren. Offene Fragen eröffnen Dialoge. In der offenen Fragetechnik stehen die sogenannten W-Fragen im Vordergrund: wer, wann, wo, was, wie, warum.

Geleitetes Fragen entsteht in einem Dialog durch offene Frageformen, die an eine bestimmte Handlung anknüpfen. Es regt das Kind dazu an, mehr zu sprechen und Gedanken detaillierter und präziser auszudrücken. Sie halten durch vertiefendes Nachfragen den Dialog aufrecht.

Geschlossene Fragen

Möchtest du das blaue T-Shirt anziehen? (Entscheidungsfrage)

Möchtest du das blaue oder das rote T-Shirt anziehen? (Alternativfrage)

Womit möchtest du das blaue T-Shirt anziehen? (Ergänzungsfrage)

Offene Fragen

Was gefällt dir an dem Film?

Worüber möchtest du mit mir reden?

Geleitetes Fragen mit vertiefendem Nachfragen

S: Was siehst du auf dem Bild?

K: Ein Hund, ein Mann und ein Kind

S: Was macht der Mann?

K: Der Hund muss Gassi.

S: Was macht der Hund?

K: Er bellt.

S: Warum glaubst du, dass der Hund bellt?

K: Keine Ahnung, vielleicht will er spielen.

Warum ist geleitetes Fragen förderlich?

✔ Geleitetes Fragen fördert die selbstständige Formulierung von Gedanken und lädt zum Dialog ein.

✔ Durch das gezielte Nachfragen wird die Aufmerksamkeit des Kindes gesteuert und mitgefördert.

✔ Es können neue Satzmuster eingeführt werden. Beispielsweise können die W-Fragen dazu beitragen, komplexere Sätze zu bilden.

✔ Das Kind erweitert seinen Wortschatz, indem es Wörter und Ausdrücke aktiv gebraucht.

✔ Durch das geleitete Fragen erweitert und sichert das Kind sein thematisches Wissen.

✔ Geleitetes Fragen unterstützt den Dialog und fördert die Fähigkeit, auf Gespräche einzugehen, Antworten zu geben und Nachfragen zu stellen. Dies stärkt die interaktive Kommunikation und soziale Sprachfähigkeiten.

✔ Die Förderkraft kann durch die Nutzung unterschiedlicher Fragetechniken den Schwierigkeitsgrad der Sprachförderung individuell an den Lernstand des Kindes anpassen.

✔ Mit geleitetem Fragen können Lücken in den Äußerungen des Kindes gefüllt werden, die Entstehung grammatisch korrekter Sätze kann gestützt werden.

Für die Umsetzung dieser Fördertechnik müssten Sie Ihre Aufmerksamkeit auf das Gespräch womöglich so fokussieren, dass Sie Ihre Turns allmählich reduzieren und die des Kindes steigern. Anfangs ist es etwas herausfordernd, da Sie ja immer stimulierend fragen müssen, damit das Kind am Ball bleibt und wunschgemäß immer länger und öfter spricht.

Du bist ein Modell

Expansion ist eine modellierende Sprachfördertechnik und dient zur Wiederholung und Ergänzung der kindlichen Aussage. Dadurch wird der Sprachinput angereichert. Die Aussage des Kindes wird außerdem erweitert oder ergänzt, um es mit komplexeren sprachlichen Strukturen vertraut zu machen. Die Förderkraft fungiert dabei als Vorbild für eine bestimmte Ausdrucksform. Das Kind hört von ihr korrekt erweiterte Sätze und kann diese nachsprechen und in späteren Situationen wieder verwenden.

Das Kind sagt »Ball«, der Erwachsene antwortet: »Ja, der rote Ball rollt über das Gras.«

Wenn ein Kind sagt: »Auto fahren«, könnte der Erwachsene antworten: »Ja, das Auto fährt schnell.«

Warum ist Expansion förderlich?

✔ Mit Erweiterungen der Aussagen signalisieren wir, dass wir die Aussage des Kindes verstehen. Dass wir unsere Aufmerksamkeit dahin/darauf richten, worauf es uns zeigt.

✔ Mit Erweiterungen werden gezielt die syntaktischen Fähigkeiten des Kindes gefördert.

✔ Durch die Expansion erfährt das Kind von der Möglichkeit, dass einfache Aussagen mit weiteren Informationen erweitert werden können.

✔ Die Technik hilft dabei, den Wortschatz des Kindes zu erweitern, indem der Erwachsene neue Wörter oder spezifischere Ausdrücke in die erweiterte Aussage einbaut.

✔ Das Kind fühlt sich mit der Wiederholung und Bestätigung seiner Aussage wertgeschätzt und weniger belehrt, was sein Selbstbewusstsein stärken kann.

✔ Mit der Expansion kann die Förderkraft einen aktiven Dialog zwischen ihr und dem Kind unterstützen. Das Kind lernt, wie Gespräche verlaufen und wie man auf Aussagen des Gegenübers angemessen reagieren kann.

Auch diese Technik kostet Sie praktisch nichts. Mit ein bisschen Übung und Aufmerksamkeit können Sie einen expansiven Stil gut automatisieren.

Korrigiere unauffällig

Umformung ist eine weitere Fördertechnik mit modellierend-korrigierender Funktion, die sich hauptsächlich auf die Wortform und den Satzbau bezieht. Sie greifen dabei bestimmte fehlerhafte Sprachstrukturen gezielt auf und geben diese korrigiert zurück. Diese Technik wird auch als korrektives Feedback bezeichnet.

Beispiel: Das Kind sagt »Anziehen«, der Erwachsene sagt: »Ja, wir ziehen uns an.«

Beispiel: Das Kind sagt »Hund rennen«, der Erwachsene sagt: »Ja, der Hund rennt schnell.«

Wenn das Kind sagt: »Ich geht zum Park«, könnte der Erwachsene sagen: »Oh, du gehst in den Park?«

Warum ist Umformung förderlich?

✔ Das Kind lernt durch Umformung, sprachliche Fehler zu erkennen und zu korrigieren.

✔ Da keine Metasprache genutzt wird (»Das ist falsch«, »Das heißt nicht so«, »Das heißt so …«), bleiben Korrekturen beiläufig, was motivierender wirkt.

✔ Die Aussage des Kindes bleibt sinngemäß unverändert, wird aber in einen korrekten Satzbau eingebettet. Diese Technik wirkt deshalb unterstützend und wird gut angenommen.

✔ Das Kind kann die korrigierte Aussage nachahmen und in seinen Sprachschatz als Modell aufnehmen. Ähnlich verfahren wir bei Kleinkindern. Sie sagen »Nane«, wir antworten bejahend: »Ja, genau Banane. Möchtest du eine Banane?«

✔ Das Kind erfährt, dass es die Aussage nicht nur korrigieren, sondern auch präzisieren kann.

Indem auf eine sanfte Art korrigiert wird und eher die Unterstützung als die Kritik in den Vordergrund gestellt wird, bleibt das Kind stets motiviert. Es lernt außerdem, dass Fehler normal und Teil des Lernprozesses sind. Als Förderkraft empfehlen wir Ihnen jedoch, diese Technik dosiert anzuwenden, und abzuwägen, in welchen Situationen sie sich gut einbauen lässt. Meist sind es die kurzen dialogischen Interaktionen. Erzählt das Kind etwas länger und nutzt komplexere Strukturen, können die Korrekturen den Gedankenfluss stören.

Erweitere das, was das Kind gesagt hat

Mit der Fördertechnik Extension wird die an sich korrekte Aussage des Kindes um weitere Aussagen ausgebaut. Sie hat also keine korrigierende, sondern eine modellierend-erweiternde Funktion. Dadurch erhält das Kind die Gelegenheit, die Erweiterbarkeit einer Aussage grundsätzlich zu begreifen. Man setzt sie bewusst ein, um unter anderem den Erwerb von Wörtern und Ausdrücken gezielt zu fördern.

(K malt. S setzt sich zu ihm.)

S: Was malst du denn da?

K: Ich male diese Blume hier. Sie ist so schön.

S: Ja, die gelbe Blume mit den vielen Blütenblättern sieht wirklich sehr schön aus.

(S und K sind im Garten. K sieht einen Vogel wegfliegen.)

K: Der Vogel fliegt weg.

S: Ja, der Vogel fliegt hoch in den Himmel, vielleicht sucht er nach Futter.

(S und K betrachten ein Bilderbuch.)

K: Die Katze ist süß.

S: Ja, die Katze mit den schwarzen Pfoten und der weißen Schnauze ist wirklich sehr süß.

Warum ist Extension förderlich?

✔ Die Erweiterung erfolgt im Fluss des Gesprächs, ohne das Kind zu unterbrechen oder seine Aussage zu korrigieren.

✔ Da die Förderkraft die Äußerung des Kindes in die eigene einbettet, wird die Natürlichkeit des Dialogs beibehalten.

✔ Die Erweiterungen dienen als Modell für das Kind, um seine eigenen Äußerungen nach und nach auszubauen.

✔ Das Kind erhält auf diese Weise neue Wörter, komplexere Satzstrukturen und mehr Details, ohne dass dies wiederum belehrend wirkt.

Auch hier wird die korrekte Aussage des Kindes auf eine sanfte Art und Weise erweitert. Es wird »unsichtbar« gefördert. Dies hat den Vorteil, dass Sie Ihre Ziele auf eine natürliche Weise erreichen und weniger »unterrichten«.

Es gibt in der Sprachförderpraxis sicherlich mehr förderliche Handlungsweisen als wir hier aufgeführt haben. Prinzipiell geht es darum, das Kind weitgehend im normalen Gesprächsfluss zu fördern, um es im Sinne des *natürlichen, ungesteuerten* Spracherwerbs zu fördern.

Sie werden allerdings auch merken, dass die ungesteuerte Förderung in manchen Situationen an ihre Grenzen stößt. Sie müssten beispielsweise bestimmte Themen ausdrücklich erklären oder dem Kind einige Tipps geben, um sich bestimmte Sprachregeln besser zu merken. Man darf nicht annehmen, dass diese Vorgehensweise dann eine unnatürliche ist. Sie ist vielmehr als eine ergänzende Maßnahme zu verstehen, die das Ziel hat, auch das eigenständige Sprachlernen zu fördern. Die Unterscheidung zwischen explizitem und implizitem Lernen ist eine sehr komplexe. Wie viel soll man explizit machen? Wie viel kann man implizit lernen?

In der Spracherwerbsforschung wird zwischen **Erwerben** (= natürliches, beiläufiges Lernen) und **Lernen** (= explizites, bewusstes Lernen) unterschieden. Dies führte lange Zeit zu einer heftigen Debatte zwischen Vertretern der Zweitspracherwerbsforschung und der Sprachlehr-/lernforschung. Die eine Seite sagt: *Lasst uns durch angstfreie, natürliche Kommunikation Sprachen lernen!* Die andere Seite sagt: *Gezielt gesteuerte Lehr-/Lernmethoden können den Prozess beschleunigen.*

Als didaktische Konsequenz schlägt die eine Seite vor, im Unterricht bzw. in der Förderpraxis stärker auf natürliche, lockere Kommunikation zu setzen – ganz ohne Druck und mit verständlichen Inhalten. Die andere Seite hingegen sieht Potenzial darin, das Lernen gezielt mit explizitem Wissen anzureichern und zu beschleunigen.

Über diese Techniken hinaus gibt es einige andere Handlungsweisen, die sich ebenfalls positiv auf die Sprachentwicklung auswirken.

Was kann man noch tun?

Die Förderkraft leitet die Frage an ein weiteres Kind weiter, um so eine Kind-Kind-Interaktion anzustoßen. Das sprachliche Lernen wird auf diese Weise mit dem sozialen Lernen verknüpft. Sprachbarrieren könnten außerdem so besser ausgehandelt werden.

Sie schlagen beispielsweise einem Kind vor, ein anderes Kind anzusprechen. Sie können dem Kind mitgeben, was es zu dem anderen Kind sagen kann.

Gute Frage! Gehe zu Paul und frage ihn: »Paul, kann ich deine Gummistiefel ausleihen?«

Körpersprache und Gestik

Körpersprache und Gestik dienen zur positiven Verstärkung von sprachförderlichen Aktivitäten sowie zur Kompensierung von Verständnislücken. Sie wirken wie eine Art visuelle Unterstützung, die das Begreifen von sprachlichen Handlungen erleichtern kann. Wenn jemand zum Beispiel das Wort »groß« sagt und dabei die Arme weit ausbreitet, wird das Konzept viel greifbarer. Der Einsatz von Körpersprache und Gestik macht Sprache lebendig und hilft, sie intuitiver und leichter zu verstehen.

Abwarten

Ja, richtig gelesen! Abwarten ist auch förderlich. Wir gehen davon aus, dass Kinder durchaus in der Lage sind, sich selbst korrigieren zu können, wenn sie mehr Zeit zum Nachdenken hätten. Dieses Potenzial sollte in der Sprachförderung stets mitbedacht und mitgefördert werden. Sie können dem Kind mehr Zeit geben, auf eine Frage oder Aufforderung zu reagieren. Damit kann das Kind sich selbst sprachlich organisieren und ist umso motivierter, wenn es am Ende erfolgreich war. Die Kinder können lernen, nachzufragen, wenn sie etwas nicht verstanden haben.

Konzeptentwicklung fördern

Das ist eine Strategie, mit der über Begriffe philosophiert und Bezüge zur Lebenswelt hergestellt werden. Den Anlass eines konzeptorientierten Gespräches bieten beispielsweise Geschichten, Bilderbücher oder lebensweltliche beziehungsweise politische Themen (Was ist *Empathie?*). Zur Förderung der Konzeptentwicklung kommen verschiedene Fragen zum Einsatz: Welche Erfahrungen und welches Vorwissen hat das Kind über ein bestimmtes Thema? Welche persönlichen Vorstellungen sind mit diesem Thema verbunden? Wie denkt das Kind darüber und wie schätzt es das Thema ein? Welche Unterschiede und Gemeinsamkeiten kann es zwischen Thema 1 und Thema 2 erkennen?

(An der Tafel steht »Empathie«.)

S: Kennst du das Wort?

(K liest Silbe für Silbe.)

K: Emm paaa thieee. Ich glaube, das hat was mit Gefühlen zu tun.

S: Ja, ungefähr. Ich bin mir ganz sicher, dass du es verstehst, wenn ich dir ein Beispiel gebe. Zum Beispiel ist jetzt Frühstückspause. Eine deiner Klassenfreundinnen hat ihre Frühstücksbox zu Hause vergessen. Sie hat nun nichts zum Essen dabei. Was würdest du tun?

K: Ich würde von meinem Essen was abgeben.

S: Warum würdest du das tun?

K: Damit sie auch was zum Essen hat.

S: Hmm. Warum solltest du das denn tun? Du hast dann weniger.

K: Mir könnte das auch passieren. Außerdem sagt meine Mama immer: »Wenn man teilt, schmeckt das Essen besser.«

S: Denkst du, dass das etwas mit Empathie zu tun hat?

K: Vielleicht fühlen können, wie sich andere fühlen?

S: Genau. Was denkst du darüber? Zeigen Menschen genug Empathie?

K: Das denke ich nicht. Wenn es so wäre, gäbe es keine Kriege oder Hunger.

Sprachförderung geht über die sprachlichen Fördertechniken hinaus. Auch nicht sprachbezogene Techniken – wie im Beispiel gezeigt – können die Wirkungen der Sprachförderung auf sozialer, ästhetischer und pädagogischer Ebene verstärken.

Wichtige Aussagen des Kapitels in aller Kürze:

✔ Mithilfe der Fördertechniken können Sie sich in konkreten Interaktionen sprachförderlich verhalten.

✔ Man wendet in der Sprachförderung häufig stimulierende, modellierende und korrigierende Techniken an.

✔ Weitere Techniken wie Abwarten, Mimik, Körpersprache und Gestik oder Konzeptentwicklung unterstützen die Effekte der Sprachförderung.

Fassen wir kurz zusammen:

In der Sprachförderung werden Techniken und Strategien gezielt eingesetzt, um Kinder bei ihrer Sprachentwicklung zu unterstützen. Dabei wird deutlich, dass die Handlungsfähigkeit der Förderkraft im Mittelpunkt steht und dass der Einsatz sprachförderlicher Techniken ein wirksames Mittel ist. Diese Techniken sind dabei weniger belehrend, sondern einladend und dialogorientiert zu gestalten, um Kinder spielerisch und authentisch an die sprach-lichen Anforderungen heranzuführen.

Die vorgestellten Techniken (handlungsbegleitendes Sprechen, geleitetes Fragen, Expan-sion, Umformung und Extension) bieten konkrete Ansätze, die kindlichen Äußerungen auf-zunehmen und sprachlich weiterzuführen. Jede Methode hat ihre spezifischen Vorteile, von der Erweiterung des Wortschatzes über die Förderung komplexer Satzstrukturen bis hin zur Verbesserung der Gesprächskompetenz. Durch die modellierende Funktion der Förder-kraft wird beispielsweise ein positives Sprachvorbild geschaffen, das Kinder dazu einlädt, an eigenen sprachlichen Fähigkeiten zu arbeiten.

Wir haben auch kurz angerissen, dass Sprachförderung über rein sprachliche Methoden hinausgeht. Körpersprache, Gestik, Abwarten sowie die Förderung von Konzeptentwick-lung und sozialer Interaktion sind als wichtige Elemente zu nennen, die die Sprachent-wicklung auf ganzheitlicher Ebene unterstützen können. Diese Maßnahmen verbinden sprachliche, soziale und kognitive Förderung und schaffen somit einen ganzheitlichen Ansatz.

Abschließend ist zu betonen, dass ein Zusammenspiel zwischen einer motivierenden, wert-schätzenden und kindgerechten Lernatmosphäre und einer fachlich fundierten Arbeitswei-se die Wirksamkeit der Sprachförderung erheblich mitprägt.

IN DIESEM KAPITEL

Welche Förderbereiche die wichtigsten in der
Sprachförderung sind

Exemplarisch, wie die Entwicklung grammatischer
Fähigkeiten und der Wortschatzerwerb
unterstützt werden können

Kapitel 8

Lege den Bereich fest

In diesem Kapitel möchten wir die Brücke schlagen zum Start des Buches. Im ersten Kapitel stellten wir zum einen die basale Sprachförderung vor, die wir als die Förderung der grundlegendsten Sprachfähigkeiten zum Lernen der Kulturtechniken (Schreiben, Lesen, Sprechen, Zuhören) verstehen. Es ging hauptsächlich darum, klarzustellen, wie die basale Sprachförderung geplant, aufgebaut und ausgeführt werden sollte, um wirksam zu sein. Grammatik und Wortschatz sehen wir in diesem Kontext als die Referenzgebiete der basalen Sprachförderung an. Mit Grammatik verstehen wir ein Regelsystem, das den Aufbau und die Funktion von Wörtern, Sätzen sowie deren Beziehungen zueinander festlegt. Diese Regeln betreffen beispielsweise die Lautstrukturen (Phonologie), die Wortbildung (Morphologie), den Satzbau (Syntax) und die Bedeutungszuweisung (Semantik). Die Sprachwissenschaft beschreibt dieses Regelsystem und bildet eine Referenz für den (korrekten) Sprachgebrauch. Der korrekte Sprachgebrauch setzt grammatische Fähigkeiten voraus, die Menschen befähigt, sprachlich korrekte und verstehbare Äußerungen zu produzieren und zu verstehen.

Zum anderen stellten wir das Modell der sprachlichen Basisqualifikationen vor. Das Modell legen wir dem Verständnis von Sprachkompetenzen in schulischen Lernkontexten zugrunde, um die es in der Sprachförderung hauptsächlich geht. Mit diesem Modell können wir uns systematisch vorstellen, welche Kompetenzen von den Kindern in schulischen Lernsettings erworben werden. Die basale Sprachförderung, wie sie in diesem Buch vorgestellt wurde, orientiert sich an diesem Modell.

Die sprachlichen Basisqualifikationen, die im Rahmen der Sprachförderung in der Grundschule ganz oder teilweise entwickelt werden sollen, sind im Wesentlichen folgende:

✔ Unterschiede zwischen Wörtern auf der phonologischen Ebene erkennen (Laus vs. Maus), die Wörter in seine Laute zerlegen (Haus zu h-au-s) und Einzellaute zu einem Wort zusammenziehen können (sch-u-l-e zu Schule). Diese Fähigkeit ist grundlegend für das Lesen- und Schreibenlernen.

✔ Die Bedeutungsseite der Wörter und Ausdrücke verstehen und deuten können. Mit dieser Fähigkeit sind die Kinder bereits seit der Geburt vertraut. Denn sie lernen sehr schnell, dass so ziemlich alles auf der Welt einen Namen hat und man das Allermeiste, was man sich vorstellt, auch bezeichnen kann.

✔ Die Absichten der Sprecher hinter Wörtern und ganzen Aussagen richtig verstehen und deuten können (Kannst du mir das Salz reichen? (= Das schmeckt nach nichts!), Mir ist kalt. (= Schließe bitte das Fenster!), Du bist ja ganz verschwitzt (= Zieh dich um!)). Diese pragmatischen Kompetenzen sind für die Verständigung zentral.

✔ Sich auf die Formseite des Wortes und des Satzes konzentrieren und sie in ihre Bestandteile zerlegen können. Diese Fähigkeit wird hauptsächlich unter expliziter Anleitung und durch systematische Analysen im Unterricht erworben. Vorbereitend können aber Reime, Sprachspiele und Lieder eingesetzt werden.

✔ Fiktive und reale Geschichten spannend und zusammenhängend schriftlich wie mündlich erzählen können. Diese Fähigkeit wird vorschulisch zunächst beiläufig erworben und durch Vorlesen sowie Selbstlesen erheblich unterstützt.

Diese Basisqualifikationen bieten eine erste Orientierung über Kompetenzbedarfe und Möglichkeiten der Förderung. Mit passenden Förderaktivitäten auf den Gebieten Grammatik und Wortschatz können Sie diesen Kompetenzbedarfen angemessen begegnen.

Grammatik

Was soll nun auf dem Gebiet der Grammatik genau gefördert werden, damit Kinder durch die Sprachförderung einige der vorher genannten Kompetenzen aufbauen können?

Zunächst halten wir fest: Grammatik ist das Fachgebiet, das sich mit den Regeln und Strukturen einer Sprache befasst. Sie unterteilt sich in weitere Teilgebiete: Einerseits befasst sie sich damit, wie Wörter gebildet werden (Morphologie), und andererseits damit, wie Wörter zu Sätzen zusammengesetzt werden (Syntax). Grammatik regelt unter anderem:

✔ Wortarten (Nomen, Verben, Adjektive, Pronomen etc.)

✔ Satzbau (Wortstellung im Hauptsatz, Satzglieder und ihre Funktionen etc.)

✔ Flexion (zum Beispiel die formbezogene Veränderung von Wörtern, Konjugation von Verben oder die Deklination von Nomen)

✔ Satzarten (zum Beispiel Aussage-, Frage- und Aufforderungssätze)

Grammatik ist das Skelett einer Sprache. Der Bau wird vorgegeben, das bedeutet, es gibt eine begrenzte Anzahl von Möglichkeiten, einen Satz oder ein Wort zu bilden.

Grammatik ist die technische Seite der Sprache, die sich vielmehr um die Struktur als um die Bedeutungsseite kümmert. Sie bestimmt aber auch die Bedeutung mit, denn sie zeigt die Zusammenhänge zwischen den Wortgruppen. Sie hilft auch, Sprachverständnis und -produktion zu systematisieren und bildet das Fundament für eine klare und korrekte Kommunikation.

Grundlegende grammatische Fähigkeiten sind in der Regel bis zum fünften Lebensjahr abgeschlossen. Für den Erwerb komplexer grammatischer Strukturen müssen Kinder allerdings mehr Zeit und Energie aufwenden (zum Beispiel Genitiv, Flexion bei unregelmäßigen Verben, Satzverbindungselemente), wobei viele der grammatischen Strukturen auch beiläufig erworben werden. Der Erwerb anderer grammatischer Phänomene, wie zum Beispiel die Wortstellung in Haupt- und Nebensätzen, kann sich insbesondere bei Kindern mit Deutsch als Zweitsprache in Abhängigkeit von der Kontaktzeit mit der deutschen Sprache bis zum und über den Schulbeginn hinaus noch entwickeln.

Worum geht es nun in der Grammatikförderung? Wir möchten diese Frage an einem Beispiel verdeutlichen (siehe Tabelle 8.1).

Förderung von Richtungspositionen *nach, in, zu*	
Entwicklungsstand	Milena kann einfache Sätze mit S-P-O (Subjekt – Prädikat – Objekt) bilden und setzt die Inversion weitgehend korrekt um. Sie lernt neue Wörter relativ schnell und versucht, sie anzuwenden. Sie lässt allerdings sehr häufig noch Präpositionen aus (typisches Beispiel: *ich gehe haus*).
Förderziel	Milena soll die Richtungspräpositionen *nach, in* und *zu* kennenlernen, unterscheiden und korrekt anwenden.
Materialien	Pappkarton auf der Pinnwand, Reißnägel, ein ausgeschnittenes Männchen mit einem Namen (zum Beispiel Mimi), Wortkärtchen (nach Hause, nach Frankfurt, nach Norden, zur Schule, zu meiner Tante, zu meinem Onkel, zu meiner Cousine, in den Wald, zum Training, ins Restaurant), Kärtchen mit den passenden Piktogrammen zu Haus, Tante, Onkel etc., Arbeitsblatt.
Förderplanung	Die Präpositionen nach, in und zu werden zusammen mit den passenden Nomen verwendet (*nach Hause, in den Wald, zu meiner Tante, …*). Damit wird die Begegnungsrate mit korrekten Satzteilen (sogenannten *chunks*) erhöht, was sich förderlich auf das Verständnis und die korrekte Verwendung von Präpositionen und Satzgliedern auswirkt.
konkrete Förderarbeit	Thematische Rahmung: Milena ist unterwegs.
	Förderkraft (F) erklärt das Spiel: Milena macht einen kleinen Tagesausflug und soll erzählen, wo sie überall hingeht. F gibt vor, dass der Ausflug zu Hause startet und dann wieder dort endet (F pinnt den Startpunkt sowie die Bildkärtchen an). Es stehen die Verben »gehen«, »laufen« und »fahren« sowie Ausdrücke für Tageszeiten (am Nachmittag, am Abend, nach einigen Stunden, später, am frühen Morgen etc.) zur Verfügung. Die Route kann sie selbst bestimmen.
	Erwartete Aktivitäten und Aussagen:
	Milena liest die Wortkärtchen und ordnet sie. Nach und nach pinnt sie die Kärtchen an. Zum Beispiel sagt sie:
	»Ich gehe zuerst zur Schule. Danach laufe ich nach Hause. Am Nachmittag gehe ich zu meiner Tante. Wir fahren zum Supermarkt …«
	Anschließend soll sie ihren Tagesausflug ins Heft schreiben.
	Als Abschluss überlegen sie gemeinsam, mit welchen Wörtern die Präpositionen verwendet werden. Auf einem Arbeitsblatt notiert Milena zu den verwendeten Nomen die passenden Ausdrücke.

Tabelle 8.1: Beispiel für Grammatikförderung

Angenommen, Sie möchten das Verständnis und die Anwendung von Präpositionen in einfachen Sätzen fördern.

Anhand des Beispiels wird deutlich, dass die Sprachfördereinheit auf das Förderziel, also den Bedarf von Milena, Präpositionen korrekt anwenden zu können, hinarbeitet. Manche Leser können einwenden, dass Milena nicht gelernt hat, die Präpositionen korrekt anzuwenden, sondern sie nur vorgezeigt bekommen hat. Es macht keinen Sinn, die Präpositionen isoliert vom Rest des Satzglieds darzubieten, denn es geht hier darum, dass das Kind in erster Linie ein Verständnis für die korrekte Verwendung von Präpositionen aufbauen soll. Dabei helfen die sogenannten *Chunks*. Das sind sprachliche Elemente wie Wortgruppen oder Satzteile, die zusammen eine sinnvolle Einheit bilden und sprachdidaktisch zur Unterstützung des Erwerbs komplexerer Regeln verwendet werden können. Mit den Chunks erhält das Kind die Möglichkeit, diesen auf andere Kontexte anzuwenden.

In der Sprachdidaktik sind **Chunks** vorgefertigte, nicht weiter zu analysierende, sprachliche Einheiten oder feste Wendungen, die als Ganzes gelernt und verwendet werden können. Sie dienen als Scaffolding beim Lernen beispielsweise komplexer Strukturen und erleichtern die Kommunikation mündlich wie schriftlich.

Bei der Bildung von Chunks können Sie sich in der Sprachförderpraxis an häufigen und gebräuchlichen Wortverbindungen, Redemitteln und Satzbausteinen orientieren. Durch wiederholten Gebrauch in Texten und in Gesprächen lassen sich bestimmte Strukturen im mentalen Lexikon des Lernenden gut verankern.

Wir empfehlen, in der Grammatikförderung – wo immer möglich – mit Chunks zu arbeiten, vor allem dann, wenn das Kind ein Verständnis für eine komplexe Struktur erlangen soll. Sprachwissenschaftler freuen sich darüber, die Strukturen bis ins kleinste Detail zu untersuchen, womöglich auch Sprachförderkräfte. Für Kinder sind Chunks und Redemittel oft die bessere Lernoption, da diese die Lernenden in Lernprozessen entlasten.

Beispiele für Redemittel zur Grammatikförderung sind:

Anton/Anna/Semi sagt, dass …	Es kommt darauf an, ob …
Ich stimme dir zu, dass …	Es hängt davon ab, ob …
Ich bin dankbar, dass …	Ich bin mir nicht sicher, ob …
Im Großen und Ganzen …	Aufgrund (des Wetters) …
Meiner Meinung nach …	Gegen den Willen (meines Freundes) …
Zusammenfassend lässt sich sagen, dass …	Während (des Gesprächs) …

In der Grundschule kommen Redemittel und Chunks häufig in Satzanfängen vor. Sie erleichtern den Schülerinnen und Schülern den Einstieg in das Schreiben von Texten und haben die Funktion, den Gebrauch von bestimmten Strukturen zu fördern (zum Beispiel plötzlich, wenige Augenblicke später, inzwischen, schließlich – statt immer nur »dann«).

Der Grammatikunterricht erzielt allerdings bei den Lernenden auch die Entwicklung einer angemessenen Sprachbewusstheit. Zu diesem Zweck müsste über die Funktionen der Chunks und Redemittel reflektiert werden, damit die Lernenden nicht nur den Gebrauch üben, sondern auch den Sinn erkennen. Dies ist allerdings weniger eine Angelegenheit der Sprachförderung, sondern vielmehr der Sprachbildung, also des Unterrichts.

Mit Chunks und Redemitteln lässt sich nicht nur im Schwerpunkt Grammatik arbeiten, sondern auch im Bereich Wortschatzarbeit (siehe nächster Abschnitt). Wir empfehlen, einen integrierten Ansatz zu verfolgen, das bedeutet, die Grammatikförderung stärker mit dem Wortschatz- und Konzeptlernen zu verbinden. Beispielsweise könnten thematische Einheiten, die Fachbegriffe einführen, zugleich grammatische Strukturen wie Satzbau oder Flexion einüben. So wird die Grammatik nicht isoliert geübt, sondern integrativ mit weiteren angrenzenden Förderbereichen.

Wortschatz

Warum ist nun der Wortschatzerwerb ein förderrelevantes Teilgebiet und wie genau wird er gefördert?

Als Wortschatz bezeichnet man entweder die Gesamtheit der Wörter und Ausdrücke einer Sprache oder die Menge aller Wörter und Ausdrücke im Kopf eines Menschen. Das wird auch als mentales Lexikon bezeichnet. Wir haben natürlich nicht Wortlisten im Kopf, sondern vielmehr Wortnetze. Die Wörter und Ausdrücke sind in unseren Köpfen irgendwie miteinander verbunden. Wenn wir ein neues Wort lernen, dann fügen wir es in dieses Netz ein, verbinden es mit einem bekannten Wort.

Einmal gesehen oder gehört, reicht nicht aus, um ein Wort langfristig abzuspeichern und abzurufen. Wir können uns meist nicht mehr daran erinnern, wie das Wort hieß, wenn wir dem nur einmal begegneten. Wie viele Begegnungen man braucht, um ein Wort oder einen Ausdruck langfristig abzuspeichern, ist von Person zu Person unterschiedlich. Unsere Sprachlernerfahrungen, Gewohnheiten und sogar unsere Intelligenz spielen dabei eine große Rolle.

In der Sprachförderung, insbesondere in der Kita und der Vorschule, wird der Wortschatz oft spielerisch vermittelt. *Wortschlangen*, *Scrabble* oder *Tabu*, *Ich sehe was, was du nicht siehst*, *Stadt – Land – Fluss*, *Teekesselchen*, *Kofferpacken*, das *Gegenteil-Spiel* sind einige bekannte Wortschatzspiele. Je nach Altersstufe werden sie oft variiert. Sie fokussieren jeweils auf unterschiedliche Aspekte des Wortschatzes, wie beispielsweise Teekesselchen – Mehrdeutigkeit, Kofferpacken – Grundwortschatz, Wortschlangen – Wortschreibung oder Lautbildung, das Gegenteil-Spiel – Antonyme. Diese und ähnliche Spiele unterstützen vorwiegend den natürlichen Wortschatzerwerb und machen ihn lebendig.

Wenn allerdings in der Schule ein bestimmter Wortschatz systematisch erlernt werden soll, weil er beispielsweise etwas anspruchsvoll ist, dann brauchen wir eine systematische Wortschatzförderung. Zu Beginn des Buches haben wir betont, dass es mehrere Sprachen der Schule gibt, deren Beherrschung bildungsrelevant ist. Um in der Schule sprachlich »am Ball bleiben« zu können, sollten sie zumindest verstanden werden. Diese haben oft ein besonderes Vokabular (Fachwortschatz, Bildungswortschatz, thematischer Wortschatz). Wir empfehlen, im Sinne einer systematischen Förderung, sich auf einen solchen Wortschatz zu konzentrieren, weil dessen Erwerb nicht stillschweigend vorausgesetzt werden kann, also nicht einfach beiläufig geschieht. Häufig empfinden Kinder den Wortschatz in Fächern als schwierig, zumal dieser in der Lebenswelt der Kinder eine geringe bis kaum eine Rolle spielt, aber durchaus eine wichtige in der Schul- und Lernwelt.

Dazu ein Beispiel:

Schülerinnen und Schüler einer dritten Klasse setzen sich gerade mit dem Thema »wörtliche Rede« auseinander. Der Lehrkraft fällt auf, dass Ailan, Titus und Fine recht eintönige Redebegleitsätze produzieren. Sie regt an, dass sie verschiedene Verben verwenden.

Um vielfältige Redebegleitsätze zu formulieren, muss ein Kind idealerweise schon über einen breiten Verbwortschatz zum Wortfeld »sprechen« verfügen (zum Beispiel sagen vs. rufen, jammern, murmeln, erwidern, schimpfen etc.). Das ist leider nicht selbstverständlich und bereitet vielen Kindern Schwierigkeiten. Sie müssen erst lernen, dass man Ausdrücke variieren kann.

Sie machen sich nun als ambitionierte Förderkraft an die Sache. Wie in der Abbildung 8.1 möchten Sie mit den Kindern verschiedene Ausdrucksformen zu den Verben schimpfen, schreien, jammern und flüstern sammeln. Sie achten darauf, den Wortschatzerwerb möglichst authentisch zu fördern. Sie wissen, dass der Erwerb kleinschrittig verläuft und dass es mehrere Durchläufe und häufige Wiederholungen geben muss, damit der Wortschatz auch »sitzt«.

 Kilian schimpft: »Komm sofort her!«

 Salina schreit: »Seid mal alle leise!«

 Toni jammert: »Ich habe so viel zu tun!«

 Tamina flüstert: »Soll ich dir ein Geheimnis erzählen?«

Abbildung 8.1: Beispiele für Redeverben und wörtliche Rede

Sie konzentrieren sich zuerst auf das Wortpaar schimpfen – schreien, später auf jammern – flüstern. Beim ersten Wortpaar legen Sie den Schwerpunkt …

Moment! Wo ist denn Ires? Ires, wo bist du? Es wird Zeit, dass du mal von deinen eigenen Eindrücken erzählst.

Abbildung 8.2: Ires ist wieder da!

 Ja, ja. Ich war lange weg. Da habt ihr recht. Ich habe euch ziemlich vernachlässigt. Es tut mir leid! Ich war einfach zu sehr eingespannt. Vermutlich wie viele unserer Leserinnen und Leser auch!

Was wollt ihr denn hören? Ach, von meinen Erfahrungen in der Wortschatzförderung! Richtig? Na, dann mal los.

1. Zuerst legte ich den Schwerpunkt auf die **Konzeptentwicklung**. Ich legte vier passende Bilder hin und begann ein Gespräch mit den Kindern. Sie sollten sagen, welches Bild zu welchem Wort passt, und natürlich erklären, warum sie denken, dass die beiden zueinander passen. Es kamen viele interessante und lustige Gedanken zusammen. Da sagte beispielsweise Ailan, dass »schreien« eigentlich böse ist und dass er nicht mag, wenn »ihn jemand schreit«. Meine Fördertechnik-Fühler haben sich natürlich sofort ausgestreckt und ich sagte: »Weißt du was? Ich mag es auch nicht, wenn man mich anschreit.« An welche Fördertechnik habe ich wohl gedacht?

2. Als Nächstes legte ich verschiedene Redesätze in die Mitte unseres Gesprächskreises. Kinder sollten nun reihum die Sätze schimpfend, schreiend, jammernd oder flüsternd sprechen. Sie sollten also die **Sprechhandlungen** selbst ausführen. Die anderen Kinder durften erraten, welches Verb gerade benutzt wurde. Fine fragte mich, ob sie auch anders sprechen könnte, was dort auf den Kärtchen nicht steht. Das ließ ich natürlich und gerne (!) zu. Fine war hinterher so stolz und ich natürlich auf alle!

3. Zum Schluss durften Ailan, Titus und Fine die wörtlichen Redesätze mit den passenden Redebegleitverben aufschreiben. Titus hatte sogar einige von Fine aufgeschnappt und benutzt. Da darf man doch noch mehr stolz sein, oder?

Es befriedigt einen so sehr, wenn im stillen Kämmerlein vorbereitete Sprachfördereinheiten die Kinder auch tatsächlich ansprechen und so sehr aktivieren, dass sie auch von der Szene nicht nur profitieren, sondern sie mitprägen. Ich wünsche einem jeden von uns solch eine gelungene Sprachförderung und bin stolz auf jeden Leser, der es bis dahin geschafft hat.

In der Praxis empfehlen wir einen Mix aus spielerischer und systematischer Förderung sprachlicher Strukturen, wobei der Schwerpunkt in Abhängigkeit des Förderziels gesetzt werden sollte. Verfolgen Sie allgemeine Ziele, also beispielsweise, dass sich Ihre Gruppe insgesamt im Alltagswortschatz verbessern soll, dann empfehlen wir, stärker Spiele einzusetzen, die das Verstehen und die Produktion von neuem Wortschatz anregen und üben. Spiele sind nicht nur der Kita vorbehalten, sondern können auch in der gesamten Grundschulzeit eingesetzt werden, vorausgesetzt, sie dienen einem vorab festgelegten Förderziel.

✔ In spielerischen Fördersettings kann einerseits die intrinsische Motivation der Lernenden erweckt werden, zumal durch solch eine authentische Lernatmosphäre, Spaß und Freude erzeugt werden. Häufig eingesetzte Spiele zur Wortschatzförderung sind beispielsweise *Teekesselchen*, *Kofferpacken*, *Wortketten* oder *Ich sehe was, was du nicht siehst*. Sie regen kognitive Prozesse an, begünstigen den Erwerb neuer Wörter und Ausdrücke und aktivieren die Vernetzung im mentalen Lexikon. Dadurch können der neue und der bekannte Wortschatz verfestigt werden. Solche Aktivitäten eignen sich besonders für den Grundwortschatz und die Förderung von Mehrdeutigkeit, Antonymen oder auch Wortschreibungen.

Ein Förderziel wie beispielsweise »Den individuellen Wortschatz in speziellen Bildungs- und Fachkontexten anregen und verfestigen« spricht dagegen für einen systematischen Umgang mit dem Wortschatz:

✔ In systematischen Fördersettings kann der Fach- und Bildungswortschatz gezielt geübt werden. Dieser ist häufig themengebunden. Die relevanten Wörter und Ausdrücke ergeben sich aus dem Unterrichtsthema beziehungsweise der Themeneinheit. Dazu können semantische Netze erstellt werden, die Begriffe miteinander verknüpfen und so deren Bedeutungen in einen thematischen Zusammenhang bringen. Wird mit Texten gearbeitet, kann der Kontext herangezogen werden, um a) die Bedeutung zu verstehen, und b) deren Gebrauchsbezug zu verdeutlichen (zum Beispiel Klärung der Bedeutung von »transportieren« im Kontext von weißen Blutkörperchen vs. Lkw). In beiden Fällen sollte darauf geachtet werden, dass der Lernende diese Prozesse selbst begeht. Um das zu fördern, empfehlen wir, diesen Prozess durch Leitfragen zu begleiten, weniger vorzugeben. Bedeutungsklärungen allein reichen nicht aus, um den neuen Wortschatz rezeptiv und produktiv zu beherrschen. Wiederholungsübungen müssen anschließen (und zwar mündlich und schriftlich), damit die Lernenden ihn langfristig festigen können. Bei diesen Festigungsübungen ist es wichtig, zwischen rezeptiven und produktiven Übungen zu unterscheiden, denn Menschen lernen zuerst Sprache zu verstehen, bevor sie das Verstandene anwenden. Bei rezeptiven Übungen wird der neue Begriff/Ausdruck beziehungsweise das neue Wort vorgegeben und mit

Kontexten, in denen das Wort typischerweise, häufig, gewöhnlich etc. vorkommt, verknüpft. Es geht um den Aufbau eines Bedeutungswissens. In produktiven Übungen sollen die Lernenden die neuen Wörter kontextadäquat und grammatisch korrekt verwenden lernen.

Die spielerische Förderung des Alltagswortschatzes findet vorwiegend mündlich statt und hat einen kommunikativen Charakter. Die systematische Förderung des Erwerbs des Bildungs- bzw. Fachwortschatzes berücksichtigt neben der Bedeutungssicherung im Kontext auch einen Bildungszweck. Dem Lernenden wird durch die Arbeit an der Wortschatzstruktur des Textes ermöglicht, a) den Inhalt des Textes besser zu erschließen, und b) eine angemessene Ausdrucksweise zu erwerben.

Ein Beispiel für ein Gespräch zwischen einem Lernenden und der Förderkraft in einem systematischen Fördersetting könnte so aussehen:

Die Schüler lesen einen Text über »Klimawandel«. Darin kommt das Wort »enorm« vor. Ein Schüler fragt nach der Bedeutung.

Die Förderkraft fordert ihn auf, den Satz, in dem das gesuchte Wort vorkommt, laut vorzulesen.

Schüler: »Der Klimawandel belastet das Meeresgebiet Irmingersee vor Westgrönland enorm.«

Förderkraft: »Der Klimawandel ist ja 'ne große Sache, oder?«

Schüler: »Ja (…) bedeutet es also ›groß‹?«

Förderkraft: »So ungefähr. Ich gebe dir mal ein anderes Beispiel. Die Preise im Supermarkt sind enorm gestiegen. Was könnte ›enorm‹ hier bedeuten?«

Schüler: »So was wie ›sehr viel‹?«

Förderkraft: »Ja genau.«

Schüler: »Also der Klimawandel belastet Irmingersee sehr viel.«

Die Förderkraft wendet hier verschiedene Fördertechniken an:

✔ Die entsprechende Stelle erneut (laut) lesen lassen: Das wiederholte Lesen einer Stelle kann die Verständnisblockade lösen.

✔ Ein Synonym geben: Die Einbettung des Synonyms in den Kontext aktiviert das semantische Netz im mentalen Lexikon.

✔ Der Gebrauch des Zielwortes in einem alltäglichen Kontext: Einfachere Kontexte entlasten den Suchprozess und erleichtern das Erschließen der Wortbedeutung.

Es sind auch weitere Fördertechniken möglich, zum Beispiel in der Kleingruppe die Frage den anderen ›zuwerfen‹ (‚Wer kennt das Wort und kann es erklären?‘) oder bei älteren Schülern selbst recherchieren lassen (zum Beispiel in digitalen Wörterbüchern).

Vorausgesetzt, mit Ihrem Förderplan beabsichtigen Sie bestimmte Ziele, die in den Bereich der Wortschatzförderung fallen, dann sollten Sie neben situativen (wie im vorigen Beispiel) auch langfristige Aktivitäten planen. Mit langfristigen Übungen meinen wir Übungen, in denen das Verstehen und der Gebrauch neuer Wörter und Ausdrücke wiederholend und kontextreich verarbeitet werden. Und dieser Prozess braucht eben Zeit.

Wichtige Aussagen des Kapitels in aller Kürze:

✔ Die basale Sprachförderung konzentriert sich hauptsächlich auf zwei Förderbereiche: Grammatik und Wortschatz.

✔ Grammatik bildet die strukturelle Grundlage einer Sprache. Während manche grammatischen Strukturen wie Kasus und Artikel mehr Zeit im Erwerb erfordern, sind andere wie die Wortstellung meist bis zum Schulbeginn gefestigt.

✔ In der Sprachförderung haben sich Chunks (Redemittel) als nützlich erwiesen, vor allem dann, wenn Kinder mit komplexen Strukturen konfrontiert werden.

✔ Die Wortschatzförderung hat nicht nur den Grundwortschatz, also das lebensweltlich wichtige Vokabular, im Visier, sondern im Hinblick auf die Schulbildung auch den Fach- und Bildungswortschatz.

Fassen wir kurz zusammen:

Der Aufbau eines soliden Alltags-, Fach- und Bildungswortschatzes und guter grammatischer Fähigkeiten fördert die sprachliche Präzision und den bewussten Umgang mit der Sprache. Aber nicht nur! Guter Wortschatz bedeutet auch die Fähigkeit, abstrakte Konzepte zu verstehen und kritisch zu reflektieren. Gutes Grammatikwissen hilft, Gedanken zu sortieren, nachzuvollziehen und mit ihnen kreativ umzugehen. Ohne gezielte Förderung besteht die Gefahr, dass Kinder mit geringeren sprachlichen Vorkenntnissen in ihrem Bildungserfolg benachteiligt werden bzw. bleiben.

Die in diesem Teil beschriebenen Vorgehensweisen leiten die Sprachförderung gezielt und geben Ihnen konkrete Handlungsverfahren zur methodisch und strategisch effizienten Unterstützung zur Entwicklung von sprachlicher Handlungskompetenz in verschiedenen Bereichen.

Teil IV
Wirksamkeit von Sprachförderung überprüfen

✔ Die Überprüfung der Wirksamkeit der Sprachförderung setzt eine gründliche Planung, klare und
realistische Ziele sowie eine strukturierte
Dokumentation voraus.

✔ Der Einbezug aller Beteiligten – von Lehrkräften
über Eltern bis hin zu den Kindern selbst – bietet ein
umfassendes Bild und steigert die Akzeptanz der
Maßnahmen.

✔ Regelmäßige Notizen und Protokolle erleichtern
den Überblick und schaffen eine fundierte
Grundlage für Entscheidungen.

Kapitel 9
Alles bestens, oder?

Herzlichen Glückwunsch, dass Sie es bis hierher geschafft haben! Sie kennen nun die wichtigsten Prinzipien einer guten Sprachförderung und einige Handlungsweisen, die Ihnen helfen, in geplanten und spontanen Fördersituationen strategisch vorzugehen. Wenn Sie sich an all das halten, erhöhen Sie die Erfolgsaussichten Ihrer Sprachfördertätigkeit.

Selbstverständlich kommen in der Praxis noch sehr viele andere Handlungsweisen vor, die ebenfalls erfolgsrelevant sind. Zum Beispiel steht die Art und Weise, wie Sie mit Lesemuffeln umgehen und sie nach und nach für Bücher begeistern, in keinem Lehrbuch. Oder, wenn Sie beim Kind mit nur einer kleinen Nachfrage ein Aha-Erlebnis auslösen. Spontane Handlungen mit einer Prise Erfahrung und Fingerspitzengefühl können die pädagogische Arbeit so lebhaft machen. Herrlich!

Nun haben Sie alles bestens geplant und fachlich versiert und gewissenhaft durchgeführt. Sie hielten sich an die Prinzipien und wandten diverse Strategien zielbasiert an. Angelehnt an den ermittelten Sprachstand zu Beginn der Förderung haben Sie einen Förderplan erstellt und diesen gut umgesetzt. Das Kind hatte sichtlich Spaß; an einigen Stellen mussten Sie Ihr Vorgehen anpassen, aber im Großen und Ganzen wurde aus Ihrem Förderplan ein erfolgreicher Fahrplan.

Ihre Eindrücke und die der involvierten Personen (Fachpersonal, Eltern, Kinder) sind wichtig, allerdings nicht ausreichend, wenn Sie wissen möchten, ob die vermeintlich festgestellten Veränderungen auch tatsächlich positive Entwicklungen sind.

Eine gute Sprachförderung ist damit nicht abgeschlossen, sondern erst dann, wenn Sie prüfen, ob und wie die Förderung gewirkt hat.

Um herauszufinden, ob das, was Sie gemacht haben, auch tatsächlich wirkt und nachhaltig ist, müssen Sie die Maßnahme evaluieren. **Wirksam** ist eine Maßnahme dann, wenn Sie (oder das Kind) eine positive Entwicklung nicht nur subjektiv wahrnehmen, sondern auch durch objektive Mittel feststellen und für Dritte sichtbar machen. **Nachhaltig** ist eine Maßnahme dann, wenn deren Wirkung auch über einen längeren Zeitraum erhalten bleibt und neue positive Entwicklungen evoziert.

Für die Prüfung auf Wirksamkeit braucht es genauso eine Planung, wie wenn Sie überprüfen möchten, ob sie nachhaltig ist. Zuerst erläutern wir, warum Sie die Wirksamkeit der Sprachförderung überprüfen sollten, und später, warum Sie sich auch für die Nachhaltigkeit interessieren sollten. Anschließend erläutern wir, wie Sie die Wirksamkeitsüberprüfung systematisch planen.

✔ Qualitätskontrolle

Die Überprüfung der Wirksamkeit einer Sprachfördermaßnahme dient mehreren Zwecken. Sie ermöglicht eine Qualitätskontrolle, indem festgestellt wird, ob die Maßnahme zielführend und angemessen ist. Dies erfordert im Vorfeld einen Plan. Sie sollten von Anfang an auch an den Output, also den Ertrag der Förderung, denken. Schließlich fördern Sie, um ein bestimmtes Ziel zu erreichen, und sollten deshalb kontrollieren, ob das Kind die Ziele mithilfe der Sprachförderung in dem beabsichtigten Zeitfenster erreicht hat oder ob es weitere Zeit und Anlässe benötigt.

✔ Optimierung

Die Überprüfung bietet auch Ansatzpunkte für die Optimierung, indem Bereiche identifiziert werden, in denen Verbesserungen oder Anpassungen erforderlich sind. Das gilt sowohl für den Förderplan als auch die durchgeführten Aktivitäten. Erst nach der Durchführung wissen Sie, ob die zu Beginn angenommene Passung zwischen Förderziel und Förderaktivitäten auch tatsächlich gegeben ist.

✔ Nachweisbarkeit

Schließlich trägt die Überprüfung zur Nachweisbarkeit von Erfolgen bei und schafft eine Grundlage, um Fortschritte für Eltern, Schule und Fördermittelgeber sichtbar zu machen.

Erzielen Sie nicht nur eine wirksame, sondern auch eine nachhaltige Sprachförderung, dann möchten Sie, dass die Erfolge der Sprachförderarbeit zwischen Ihnen und dem Kind erhalten bleiben und als ein »Schlüssel« für weitere Erfolge genutzt werden können.

Die Überprüfung stellt sicher, dass die geförderten Fähigkeiten nicht nur kurzfristig erlernt, sondern in verschiedenen Kontexten angewendet, erweitert und gefestigt werden, sodass die Kinder die erworbenen Fähigkeiten sicher auch auf neue und unbekannte Situationen übertragen können. Wenn Sie die Kinder langfristig, also über den Förderzeitraum hinweg, beobachten, werden Sie vermutlich Veränderungen feststellen, die Sie mit Stolz, Zufriedenheit oder Freude in Ihren Unterlagen notieren. Sie sind stolz, zu sehen, dass Ihre Förderplanung funktioniert hat. Aber vielleicht lassen diese Veränderungen auch auf sich warten. Der beste Weg, um herauszufinden, ob Ihr Engagement zum Erfolg führt oder dazu beiträgt, ist, die Lernentwicklung schwarz auf weiß zu haben, sprich, zu messen und zu dokumentieren. Dieser Prozess ist allerdings schon zu Beginn der Sprachförderung mitzuplanen.

Zur Planung der Evaluation gehört:

✔ Ermitteln Sie vor Beginn der Sprachförderung den sprachlichen Lernstand (= Ausgangsbasis). Dazu mehr im Kapitel 6.

Die Ermittlung einer Ausgangsbasis ist essenziell, um Fortschritte messen zu können. Eine erste Erhebung vor Beginn der Maßnahme dient als Vergleichswert, an dem spätere Ergebnisse gemessen werden können. Beispielsweise konnte ein Kind vor der Maßnahme durchschnittlich 20 verschiedene Wörter in einem freien Erzähltext verwenden und nach der Maßnahme 35 verschiedene Wörter. Dieser Vergleich zeigt, ob und in welchem Umfang Fortschritte erzielt wurden.

✔ Ermitteln Sie den Lernstand in regelmäßigen Zeitabständen. So machen Sie die Lernentwicklung sichtbar und können den Förderplan laufend optimieren.

Zur Ermittlung des Lernstands eignen sich neben standardisierten Testverfahren (siehe Kapitel 3) und informellen Verfahren (Beobachtungsprotokolle, Reflexionen) auch bearbeitete Aufgabenblätter, Diktate, mündliche Erzählungen, herausfordernde Aufgaben etc. Diese können in einem Portfolio gesammelt und ausgewertet werden. Eine Kombination beider Ansätze ermöglicht eine umfassende Betrachtung der Sprachentwicklung.

✔ Beobachtungen und Eindrücke der Eltern und des Fachpersonals sind ebenso aufschlussreich und können die Beurteilung der Veränderungen unterstützen.

Um ein möglichst breites Bild zu Veränderungen zu erhalten, ist es wichtig, qualitative Daten mit den Einschätzungen der Eltern beziehungsweise des Fachpersonals und mit Ergebnissen aus standardisierten Tests zu ergänzen.

Die Evaluationsergebnisse wie beispielsweise ein Vorher-Nachher-Vergleich von Wortschatzkenntnissen zum Thema Einkaufen oder von Verbstellungsfähigkeiten in einfachen Sätzen helfen, um über die veränderten Sprachkompetenzen bereichsspezifisch zu reflektieren. Sie können auf diese Weise besser beurteilen, ob das Kind von der Förderarbeit profitieren konnte, welche Methoden und Ansätze erfolgreich waren, welche Schwierigkeiten auftraten und welche nächsten Schritte erforderlich sind. Dieser iterative Prozess der Reflexion und Weiterentwicklung trägt wesentlich dazu bei, die Qualität der Sprachförderung langfristig zu sichern. Denn durch diese Überprüfungen werden nicht nur Fortschritte dokumentiert, sondern auch Verbesserungsansätze für zukünftige Fördermaßnahmen abgeleitet. So wird Sprachförderung zu einem effektiven und langfristigen Instrument der Bildungsarbeit.

In der Sprachförderung haben Sie vermutlich nicht nur eigene Fördermaterialien verwendet, sondern auch ein bestimmtes Förderprogramm, das zu Ihren Förderzielen und -zwecken passt. Solche Förderprogramme werden nach strengen Qualitätskriterien erstellt und evaluiert. Abschließend möchten wir kurz auf die wissenschaftsbasierte Evaluation von Sprachförderprogrammen eingehen.

Wichtige Aussagen des Kapitels in aller Kürze:

✔ Eine konsequente Überprüfung der Wirksamkeit stellt sicher, dass die gewählten Fördermaßnahmen tatsächlich zu den gewünschten Zielen führen und angemessen sind.

✔ Nur durch regelmäßige Evaluation (z. B. wiederholte Sprachstandserhebungen, Beobachtungsprotokolle, Feedback von Eltern und Fachpersonal) wird sichtbar, ob Förderziele und Förderaktivitäten wirklich zueinander passen. Auf Basis dieser Erkenntnisse lassen sich Förderpläne und Vorgehensweisen gezielt anpassen und verbessern.

✔ Die Ergebnisse der Überprüfung machen Fortschritte objektiv mess- und sichtbar. So können Erfolge sowohl für Eltern und pädagogische Fachkräfte als auch für externe Stellen (z. B. Fördermittelgeber) belegt werden.

✔ Indem die Wirksamkeit nicht nur kurz-, sondern auch langfristig beobachtet wird, zeigt sich, ob die geförderten Sprachfähigkeiten stabil sind und auf neue Situationen übertragen werden können. Dies hilft sicherzustellen, dass das Kind von der Förderung langfristig profitiert und dessen Sprachkompetenzen weiter ausgebaut werden können.

Kapitel 10
Wie Experten evaluieren

Die Entwicklung von verlässlichen Sprachförderprogrammen und -konzepten ist eine komplexe Angelegenheit – man könnte sagen, es ist die Königsdienstleistung der Bildungsforschung für die Bildungspraxis. Sprachförderprogramme müssen einige grundlegende Qualitätskriterien erfüllen. Diese helfen dabei, einzuschätzen, ob das Programm tatsächlich die Sprachkompetenzen verbessern kann – und das nicht nur spontan, sondern auch nachhaltig. Kurz gesagt: Es geht nicht darum, irgendwie zu fördern, sondern darum, mit hoher Wahrscheinlichkeit echten Fortschritt zu erzielen, der auf das Sprachförderprogramm zurückgeführt werden kann.

Erfolg bei der Einführung neuer Konzepte ist kein Selbstläufer. Damit alles klappt, müssen wir zwei Dinge im Blick behalten: **das Produkt** (also das Konzept selbst) und **die Art und Weise**, wie es eingeführt wird. Beides kann den Weg zu einer gelungenen Umsetzung entweder zu einem Holzweg oder zu einem Königsweg machen.

Was macht ein gutes Konzept aus? Um Sprachförderkonzepte erfolgreich umzusetzen, müssen einige Kriterien beachtet werden:

✔ Das Konzept wirkt unter realistischen Bedingungen.

Klar, im Labor oder in perfekt organisierten Kleingruppen läuft vieles wie geschmiert. Geschulte Trainerinnen und Trainer, keine Störungen, ruhig arbeitende Kinder. Perfekt! Doch sobald wir ein reales Klassenzimmer betreten, mit allem, was dazugehört (Schülerinnen und Schüler, die sich in der Pause zerstritten haben, Papierchaos auf den Schreibtischen, müde Gesichter etc.), wird es komplizierter. Ein gutes Konzept wirkt auch unter verschiedenen Bedingungen, die in der Regel nicht optimal sind.

✔ Das Konzept bietet attraktive Inhalte.

Kinder und Jugendliche lassen sich nicht mit jedem Text motivieren. Themen müssen passen, und es sollte eine Auswahl geben. Sie können schließlich nicht jeden mit Märchen oder Fußballgeschichten begeistern. Die Motivation steigt, wenn Themen und Interessen übereinstimmen. Denkt man also in der Förderplanung an eine Materialwahl, die die Interessen der Kinderberücksichtigt und miteinbezieht, so kann man die Wirkung der Förderarbeit positiv beeinflussen.

✔ Das Konzept passt zu den curricularen Anforderungen des Faches.

Sprachförderung in Mathe? Klingt komisch, ist aber gar nicht so abwegig. Auch in nicht sprachlichen Fächern wird Sprache gebraucht und beispielsweise eine Bewusstheit über sprachliche Strukturen in Sachaufgaben aufgebaut. Die Kinder müssen die Aufgabe erst verstehen, bevor sie rechnen können. Diese Anforderung ist beispielsweise curricular verankert. Ein gutes Sprachförderkonzept orientiert sich also an dem Lehrplan und sollte curricular valide sein.

✔ Ein gutes Konzept braucht gute Anwender.

Letztlich bringen die Konzepte auch Anforderungen an die pädagogischen Fachkräfte und Lehrkräfte mit sich. Diese müssen sich in der Anwendung gut auskennen. Dazu gehört, dass sie einerseits wissen, welche Schritte sie bei der Umsetzung beachten sollten, an welche Vorgaben sie sich halten müssen und ob sie mit dem Programm auch flexibel umgehen können. Andererseits müssen sie bestimmte Diagnosekompetenzen mitbringen, um beispielsweise das passende Fördermaterial auszuwählen.

✔ Ein gutes Konzept ist anpassungsfähig.

Gute Förderprogramme sind flexibel. Gute Anwender wissen auch, was man ändern kann, ohne dass dadurch die Wirksamkeit eingebüßt wird. Je klarer diese Regeln sind, desto besser funktionieren sie in der Praxis.

✔ Ein gutes Konzept erfüllt wissenschaftliche Qualitätskriterien.

Zu den wissenschaftlichen Qualitätskriterien zählen die theoretische Fundierung, die genauen Angaben zur Durchführung und die empirische Fundierung, also die Frage, ob eine Wirksamkeitsüberprüfung durchgeführt wurde und wie sie ausgefallen ist.

1. Ob ein Konzept theoretisch fundiert ist, lässt sich danach beurteilen, ob das Programm oder die Methode auf einer wissenschaftlich anerkannten Theorie basiert. Das heißt, die Grundlagen und Prinzipien, auf denen etwas aufbaut, sind systematisch durch Forschung und Wissenschaft untermauert und logisch nachvollziehbar. Ein gutes Förderkonzept stützt sich beispielsweise auf bewährte Theorien und Ansätze zum Spracherwerb und Lernen. Mit einer fundierten Grundlage kann man besser einschätzen, ob und warum eine Maßnahme effektiv sein könnte.

2. Zur Qualitätsbeurteilung wird auch geprüft, ob klare und detaillierte Angaben zur praktischen Durchführung vorliegen. Dies betrifft unter anderem die Zielgruppe der Kinder – also eine bestimmte Altersgruppe oder spezifische Subgruppen wie

Kinder mit Deutsch als Zweitsprache – sowie die Personen, die die Maßnahme anwenden sollen, etwa pädagogische Fachkräfte oder Fachlehrkräfte.

3. Erfüllen muss das Förderkonzept schließlich noch das Kriterium empirischer Nachweise für die Wirksamkeit. Es geht dabei um die Frage, wie gut das Konzept dazu beiträgt, die Sprachkompetenzen der Kinder in den jeweiligen Sprachbereichen gezielt zu fördern.

Sprachförderprogramme können aus der Praxis heraus entstehen oder unter wissenschaftlichen Bedingungen entwickelt worden sein. Beide Entstehungsformen haben je ihre Vor- und Nachteile. Die in der Praxis entstandenen Programme mögen vielleicht praxistauglicher sein und unter realistischen Bedingungen gut funktionieren, deren Wirksamkeit unter wissenschaftlichen Bedingungen aber noch nicht überprüft worden sein. Wissenschaftsbasiert entwickelte Förderprogramme mögen dagegen gute Wirksamkeitswerte zeigen, sind vielleicht weniger anpassungsfähig oder interessengeleitet.

Förderprogramme, die die oben genannten Qualitätskriterien noch nicht erfüllen, sind per se nicht schlecht. Um allerdings sagen zu können, dass die Erfolge auf das Programm zurückgeführt werden können, oder mit anderen Worten, um Sprachschwierigkeiten in bestimmten Bereichen mindern zu können, eignet sich ein bestimmtes Förderprogramm besser, in dem auch nachgewiesen wurde, dass es dazu in der Lage ist. Dies zeigt, dass die Verbesserung nicht zufällig entstanden ist.

Nicht zu allen Beurteilungskriterien existieren in der Forschung geeignete Messmethoden. Für die Zukunft ist es also entscheidend, weitere Evaluierungsmethoden zu entwickeln, die sich in den Realitäten der pädagogischen Praxis verankern lassen. Nur durch kontinuierliche Forschung und Reflexion können Sprachfördermaßnahmen dazu beitragen, Chancengleichheit und Bildungserfolg nachhaltig zu fördern.

 Wichtige Aussagen des Kapitels in aller Kürze:

✔ Ein gutes Programm muss unter realistischen Bedingungen wirken, inhaltlich attraktiv sein, curricular verankert sein, von geschultem Personal angewendet werden können und zugleich anpassungsfähig sein.

✔ Entscheidend sind eine solide theoretische Basis, klare Angaben zur Durchführung (Zielgruppen, Umsetzungsschritte) und empirische Nachweise, die belegen, dass das Programm tatsächlich die Sprachkompetenzen verbessert.

✔ Sprachförderprogramme können entweder aus der Praxis heraus entstehen oder unter wissenschaftlichen Bedingungen entwickelt werden. Erst die Verbindung von Praxistauglichkeit und empirischer Überprüfbarkeit macht aber ein Programm nachhaltig und wirksam.

✔ Da nicht alle Kriterien messbar oder durch Forschung belegbar sind, braucht es begleitende Forschung und die Entwicklung praktikabler Evaluationsmethoden, um Sprachförderprogramme zugunsten einer Chancengleichheit stetig zu verbessern.

Teil V
Der Top-Ten-Teil

 Besuchen Sie die Dummies auf: https://www.instagram.com/furdummies/

✔ Es werden zunächst die zehn klassischen Fragen zur Sprachförderung vorgestellt, die für eine erfolgreiche Förderung beachtet werden sollten.

✔ Anschließend folgen die zehn wichtigsten Fakten aus der Förderpraxis.

✔ Abschließend finden sich zehn Tipps, die den Einstieg als Sprachförderkraft erleichtern können.

IN DIESEM KAPITEL

Sie finden in diesem Kapitel Hinweise darauf, wie Sie Ihr Arbeitsleben als Sprachförderkraft erleichtern können. Diese sollen Ihnen dabei helfen, sich Ihrer Handlungsabläufe und -entscheidungen bewusst zu werden.

Kapitel 11
Zehn Tipps, die die Arbeit einer Sprachförderkraft erleichtern

Tipp 1: Fragen Sie sich zu Beginn Ihrer Fördertätigkeit, ob Sie DIE Person für Sprachförderung sind. Führen Sie eine Selbstreflexion zu den folgenden Fragen durch:

1. Verfüge ich über die persönlichen Eigenschaften und die fachlichen und pädagogischen Kompetenzen, die eine professionelle Sprachförderung mit sich bringt?

2. Bin ich wissbegierig, und bereit, auch von Kindern zu lernen?

3. Bin ich bereit, über meine Fördertätigkeit, selbst wenn ich sie mit großer Sorgfalt vorbereitet habe, mit anderen Fachleuten zu reflektieren? Also sie zu »öffnen«?

Tipp 2: Bereiten Sie die Förderaktivität so vor, dass Kinder nicht nur mit Ihnen, sondern auch voneinander lernen. Nutzen Sie die sozialen Kontakte als Wirkungsverstärker.

Es darf nicht unterschätzt werden, dass die Wirkung der Sprachförderung durch soziale Kontakte mit anderen Kindern verstärkt wird. Eine isolierte Arbeit mit und an der Sprache macht weniger Sinn als die Förderung der sozialen und kommunikativen Beziehungen zwischen Kindern.

Tipp 3: Beginnen Sie die Sprachförderung nicht ohne einen Fahrplan und aktualisieren Sie ihn bei Bedarf. Erstellen Sie dazu eine Vorlage mit relevanten Feldern (Ausgangslage, Förderziel, Förderansatz, Sozialform, Fördermethode, Anpassungsvorschläge) und füllen Sie diese teilnehmerspezifisch aus.

Eine gute Anleitung hilft nicht nur beim Aufbau eines IKEA-Regals, sondern auch in der Sprachförderung. Ein gut durchdachtes Konzept ist für eine gute Sprachförderung zwar essenziell, aber dieses braucht auch einen klaren Plan.

Tipp 4: Planung ist gut, Improvisation auch. Überlassen Sie die Sprachförderung nicht der Willkür, aber flexible und spontane Handlungsweisen sind erwünscht.

Gefühlt 20 Prozent Ihrer Förderplanung sollten Sie flexibel handhaben. Damit bieten Sie Raum für authentische Gesprächs- und Förderanlässe. Auch eine wertschätzende und angstfreie Atmosphäre und eine vertraute Lernumgebung schaffen gute Startbedingungen.

Tipp 5: Sprechen Sie bewusst und zielgerichtet. Modellieren Sie selbst einen klaren, authentischen und altersgerechten Sprachgebrauch, an dem sich die Lernenden orientieren können.

Sprechen Sie stets so, wie Sie es auch von Kindern wünschen. Ein förderlicher Sprachgebrauch ist klar und deutlich im Ausdruck, formal korrekt und orientiert sich an der Standardsprache. Die Wahl der bildungssprachlichen Ausdrucksweise kann zudem die Erreichung curricular verankerter Bildungsziele mit unterstützen.

Tipp 6: Beziehen Sie die Interessen der Kinder in die Förderung mit ein. Fragen Sie die Kinder, worüber sie sich gerne unterhalten, was sie gern lesen oder was sie sich am liebsten anschauen.

Nutzen Sie alltagsnahe Themen oder bereiten Sie Themen vor, die die Lernenden interessieren und die an ihre Lebenswelt anknüpfen. Wenn sie sich beispielsweise gerne YouTube-Videos anschauen, können Sie einen Text oder einen Film über die Geschichte von YouTube, über die Tools oder über die Lebensgeschichte des Lieblingsyoutubers verwenden. Wie gesagt, Impro-Fähigkeiten oder Kreativität sind keine Grenzen gesetzt!

Tipp 7: Scaffolden Sie und setzen Sie die Strategien gezielt ein.

Ein Personal Trainer kann genauso scaffolden wie eine Förderkraft. Sie beabsichtigen beide eine Entwicklung und schaffen Anlässe, um zum nächsten »Level« ihrer körperlichen bzw. sprachlichen Entwicklung zu kommen. Möchte eine Person nach einer Knie-OP und einer langen Erholungsphase wieder ihre Gelenkmuskeln stärken, wird der Trainer ihr aufbauende (und zugleich schonende) Übungen empfehlen. Die Förderkraft ist ebenfalls daran interessiert, die sprachlichen Ressourcen des Kindes zu erhalten (im Sinne von »schonen«, aber nicht »abbauen«) und diese durch gezielte Übungen herauszufordern. Soll das Kind beispielsweise eine Präsentation vorbereiten, können die Scaffolds darin bestehen, mit ihm Satzanfänge (Chunks) zu üben, die das Präsentieren erleichtern (»Herzlich willkommen zu meinem Vortrag!, Zuerst möchte ich euch ..., Als Nächstes erkläre ich ..., Zum Schluss werde ich ...«).

Tipp 8: Fördern Sie den Dialog. Ermutigen Sie die Lernenden zu aktiver Kommunikation, zum Beispiel durch Gespräche, Diskussionen oder Rollenspiele, die Interaktion und Sprachfluss unterstützen.

Mit redseligen Kindern und Jugendlichen einen Dialog zu führen, ist eine wunderbare Sache. Wie bringen Sie jedoch die schüchternen oder verschlossenen Kinder zum Sprechen? Meist lassen sie sich mit Themen hervorlocken, für die sie sich interessieren. Unser beliebter Joker sind aber Provokationen. Wir meinen damit paradoxe

Aussagen, mit denen ein Dialog ausgelöst werden kann. Zum Beispiel: Es stürmt und regnet gerade und Sie sagen: »Die Sonne scheint ja wunderbar, wollen wir draußen ein Spiel spielen?« Oder es ist die zweite Stunde und Sie sagen: »Es ist gleich Mittagspause. Wollen wir…?«

Tipp 9: Sprechen Sie mit den Eltern und dem Fachpersonal über den Sprachstand, die Interessen, das Temperament, die Hobbys des Kindes etc. und beobachten Sie es während des Unterrichts.

Eindrücke verschiedener Personen und Eindrücke, die Sie in verschiedenen Lebenskontexten gewinnen, helfen Ihnen, den Förderplan auf die Bedürfnisse des Kindes besser auszurichten. Wenn Sie selbst eine Lehrkraft sind und in der Schule auch für die Sprachförderung eingesetzt werden, kennen Sie das Kind vermutlich etwas näher. So können Sie sich auf Details konzentrieren, für die Sie normalerweise keine Gelegenheit oder Zeit haben.

Tipp 10: Geben Sie stets positives Feedback, das die Lernenden unterstützt, ihre Stärken zu erkennen und an Schwächen gezielt zu arbeiten.

Positive Aussagen stärken und motivieren Menschen. Heben Sie die Entwicklung des Kindes regelmäßig hervor und sprechen Sie Ihre Freude stets aus. Damit vermitteln Sie dem Kind zwei Dinge: »Ich nehme dich und deine Entwicklung wahr!« und »Ich traue dir weitere Entwicklungen zu!«. Verbinden Sie diese positive Stärkung mit der Ankündigung, dass manche Aufgaben durchaus herausfordernd sind, Sie dem Kind aber diese zutrauen können. Sie steigern die Motivation, wenn nicht nur Sie dem Kind gratulieren, sondern auch das Kind seine eigenen Erfolge selbst erntet.

In diesem Kapitel listen wir die Prinzipien auf, die Sie vor, während und nach der Förderarbeit zugunsten einer hochwertigen Sprachförderung stets im Auge behalten sollten.

Kapitel 12

Die Prinzipien in der Übersicht

Prinzip 1: Gehe systematisch vor!

Ich berücksichtige in der Sprachförderung alle Prinzipien und setze sie um.

Prinzip 2: Orientiere dich am Kind!

Ich kenne die bildungsbezogenen Bedarfe des Kindes und richte die Sprachförderung daran aus.

Prinzip 3: Sei dir über den aktuellen und den nächsten Schritt klar!

Ich kenne die Ressourcen des Kindes und kann sie bedarfsorientiert ergänzen.

Prinzip 4: Sei und sprich authentisch!

Ich kann authentische Geschichten erfinden und meine Sprachförderziele einbetten.

Prinzip 5: Achte in der Zone der nächsten Entwicklung auf bewältigbare Herausforderungen!

Ich kenne die nächsten Schritte der Sprachförderung konkret, zerlege die Aufgaben in kleinere Schritte und weiß das Kind herauszufordern, sodass es sich motiviert anstrengt.

Prinzip 6: Hilf dem Kind durch Scaffolding, sich den Herausforderungen zu stellen und diese zu meistern!

Ich mache dem Kind so viele qualitativ hochwertige Angebote, wie es braucht, und baue das Angebot (Gerüst) parallel zu seiner Entwicklung allmählich ab.

Prinzip 7: Subjektive Einschätzungen sind gut, aber das Überprüfen ist noch besser! Benutze zur Überprüfung stets objektive Verfahren!

Ich mache mir durch die Ergebnisse einer Diagnostik ein umfängliches Bild zum Sprachstand des Kindes und verifiziere damit meine Einschätzungen zur Sprachentwicklung.

Prinzip 8: Planen heißt Ziele haben!

Ich sorge mit der zielorientierten Planung der Sprachförderung für einen Ausbau der Sprachkompetenzen auf Grundlage der vorhandenen Stärken.

Prinzip 9: Der Förderplan ist in der Sprachförderung der Königsweg.

Ich schaffe mit der systematischen Planung der Sprachförderung gute Ausgangs- und Lernbedingungen.

Lösungen

Sie können Ihre Antworten mit den folgenden Lösungsvorschlägen vergleichen:

Formulieren Sie die Sätze in Perfekt um:

Beispiel: Ich laufe zum Supermarkt. – Ich bin zum Supermarkt gelaufen.

Sie liest jeden Tag ein paar Seiten. – Sie *hat* jeden Tag ein paar Seiten *gelesen*.

Das Kind schläft spät ein. – Das Kind *ist* spät *eingeschlafen*.

Das Prisma zerlegt den Lichtstrahl in verschiedene Farben. – Das Prisma *hat* den Lichtstrahl in verschiedene Farben *zerlegt*.

Die Krankenschwestern bereiten den OP-Saal vor. – Die Krankenschwestern *haben* den OP-Saal *vorbereitet*.

Das Kind trainiert hart. – Das Kind *hat* hart *trainiert*.

Wie viele Pluralendungen gibt es im Deutschen?

In der deutschen Sprache hat man acht verschiedene Möglichkeiten, die Mehrzahl (Plural) zu bilden.

   – e: der Stift – die Stifte

   – e mit Umlaut: der Stuhl – die Stühle

   – en: der Bär – die Bären

   – er: das Kind – die Kinder

   – er mit Umlaut: der Mann – die Männer

   – Nullendung: der Lehrer – die Lehrer

   – Nullendung mit Umlaut: der Apfel – die Äpfel

   – s: das Foto – die Fotos

Es gibt im Deutschen ein paar Nomen, die mehrere grammatische Geschlechter (Genus) annehmen können. Dabei verändert sich die Bedeutung des Nomens. Welche kennen Sie?

Zum Beispiel: das Band – der Band – die Band (andere Aussprache), das Gehalt – der Gehalt, der Leiter – die Leiter

Was braucht man, um ein Verb im Perfekt zu bilden?

ein Hilfsverb (sein oder haben)

Mit welcher Konjunktion kann die Bedingung in einem Konditionalsatz eingeleitet werden?

wenn, falls oder sofern

Können Konditionalsätze auch uneingeleitet gebildet werden? Wie?

Ja, können sie. In solchen Fällen entfällt die Konjunktion und die Bedingung wird direkt ausgedrückt wie zum Beispiel: Hätte ich mehr Zeit, würde ich dir helfen.

Abbildungsverzeichnis

Stichwortverzeichnis